嗨，别担心

你可以走出父母离婚的困境

边玉芳 主编

Lisa M. Schab

[美] 莉萨·沙布 著

边玉芳 李海燕 译

湖南教育出版社
·长沙·

著作权所有，请勿擅用本书制作各类出版物，违者必究。

图书在版编目（CIP）数据

你可以走出父母离婚的困境 /（美）莉萨·沙布著；边玉芳，李海燕译. —长沙：湖南教育出版社，2024.4

（嗨，别担心）

ISBN 978-7-5539-9866-4

Ⅰ.①你… Ⅱ.①莉… ②边… ③李… Ⅲ.①心理健康–健康教育–青少年读物 Ⅳ.①G444-49

中国国家版本馆CIP数据核字（2024）第087861号

THE DIVORCE WORKBOOK FOR TEENS: ACTIVITIES TO HELP YOU MOVE BEYOND THE BREAK UP BY LISA M. SCHAB, LCSW

Copyright © 2008 BY LISA M. SCHAB
This edition arranged with NEW HARBINGER PUBLICATIONS through BIG APPLE AGENCY, LABUAN, MALAYSIA.
Simplified Chinese edition copyright: 2024 Hunan Education Publishing House
All rights reserved.

湖南省版权局著作权合同登记章字：18-2023-272号

NI KEYI ZOUCHU FUMU LIHUN DE KUNJING
你可以走出父母离婚的困境

出 版 人：	刘新民	策划编辑：	陈慧娜
责任编辑：	张件元	封面设计：	凌 瑛
出版发行：	湖南教育出版社（长沙市韶山北路443号）		
电子邮箱：	hnjycbs@sina.com	网　　址：	www.jiaxiaoclass.com
微 信 号：	家校共育网	客服电话：	0731-85486979
经　　销：	全国新华书店		
印　　刷：	湖南省众鑫印务有限公司		
开　　本：	710 mm×1000 mm　1/16		
印　　张：	15	字　　数：	170 000
版　　次：	2024年4月第1版	印　　次：	2024年4月第1次印刷
书　　号：	ISBN 978-7-5539-9866-4		
定　　价：	56.80元		

本书若有印刷、装订错误，可向承印厂调换。

译者序

青少年是儿童向成人角色转变的关键过渡阶段，个体在这一阶段会经历生理、认知和社会性等多方面的发展，对于个体价值观的形成和人生的塑造具有重要的意义。在影响个体成长与发展的众多因素中，心理因素以其不易觉察的隐蔽性、易于波动的敏感性，以及能够决定所有外部因素作用于个体的最终形式的重要性，成为需要特别关注的重要方面。然而，近几年我国青少年的心理健康状况不甚乐观，引发全社会的广泛关注。据估计，全世界有10%~20%的青少年存在心理健康问题，约50%的心理健康问题在青少年时期加剧，若不及时干预，其影响往往会持续到成年阶段。而《中国国民心理健康发展报告（2021—2022）》显示，约14.8%的青少年存在不同程度的抑郁风险，其中4.0%的青少年属于重度抑郁风险群体；《2022年国民抑郁症蓝皮书》也显示，抑郁症发病群体呈年轻化趋势，18岁以下的抑郁症患者占总人数的30%，50%的抑郁症患者为在校学生。抑郁以外，焦虑、成瘾、学习困难、情绪障碍、品性障碍、自残自伤、虐待及霸凌等个体的内外化问题，也都会造成严重的心理健康问题及相关后果，需要引起教育行政部门、学校、家长及青少年自身的高度重视。

这几年，我国政府从国家战略的高度来关注学生身心健康问题。

2023年4月，教育部、国家卫生健康委等十七部门联合印发《全面加强和改进新时代学生心理健康工作专项行动计划（2023—2025年）》，特别提出要全方位开展心理健康教育，组织编写大中小学生心理健康读本，扎实推进心理健康教育普及。为切实回应党和国家的号召，关注社会需求，我们一直将儿童青少年的心理健康作为研究的重要议题，这次我们很高兴应湖南教育出版社的邀请，翻译这套引进自美国New Harbinger Publications公司的青少年心理自助系列图书（Instant Help），向青少年、家长及教育工作者科普相关主题的心理健康知识，以期支持青少年个性、情感、社会适应能力等方面的发展，最终形成健康的自我、丰富的个性和正向的价值观，为全面加强和改进新时代青少年心理健康工作添砖加瓦。

New Harbinger Publications自创立以来的40年间一直是普及心理健康知识、推广积极生活方式、促进个体幸福感提升的重镇。该出版公司致力于邀请经验丰富的从业人士撰写基于实证研究和临床验证的书籍，同时也注重简明扼要、易于操作、切实解决读者面临的真实问题。Instant Help Books是一家专门为儿童青少年以及家长提供心理类自助手册的出版公司，在行业内处于龙头地位，在2007年被New Harbinger收购。该品牌已成为认知行为疗法（CBT）"第三次浪潮"的代表，系列书籍使用接受承诺疗法（ACT）、辩证行为疗法（DBT）和正念减压疗法（MBSR），将传统认知行为疗法技术与正念和接受等其他方法相结合，用最先进的理念和手段向青少年传授行之有效的技能，以帮助他们应对来自父母、学校、社会甚至是他们自己的各种困境。截至目前，该系列已出版50多本著作，主题涵盖焦虑、抑郁等心理障碍临床表现，离婚、社交媒体等触发情境及因素，自我关怀、自信等自我探索与发展方面，以及正念、行动思维等帮助提升幸福感、保持身心健康的技能与手段等。该系列图书不仅能够帮助青少年应对危机、健康成长，也得到了家长、咨询师、治疗师、学校教师和辅导员的一致好评与推荐，其中多本手册再版，并被译作各种语言销往世界各地。

我们精心挑选了其中的 8 本图书引进到国内出版，涵盖目前我国青少年心理健康需要特别关注的 8 个方面，包括抑郁、焦虑、愤怒等情绪的调节，社交、父母离异等问题的应对，自伤自残现象的处理，自尊与自我价值的确立等。我第一次阅读出版社提供给我的原稿，就特别喜爱，认为对促进我国青少年心理健康是十分有帮助的。

受邀以来，我们遴选多名文字功底好、治学严谨、认真负责的青年教师和研究生承担翻译、校对等工作，最后由我本人对这些翻译稿进行统校。在翻译过程中，我们秉持客观准确反映原作观点的基本原则，致力于提高文本的实用性和可读性，使其真正服务于我国广大青少年，为他们排忧解难；同时，兼顾家长、校长、班主任和辅导员等群体，将本书打造为解决青少年常见心理问题的操作指南。

最后，我要由衷感谢湖南教育出版社以及陈慧娜、姚晶晶、张件元、陈逸昕、胡晓、崔沛源等各位编辑老师，感谢你们的慧眼和信任，让我们有机会翻译这么好的一套书，感谢各位编辑老师事无巨细的翻译指导和高质量编校。同时我要感谢参与本次翻译的各位成员努力与严谨的工作，他们是梁丽婵、刘昊林、蒋柳青、丁振、庄瑞雪、李海燕、黄婉婉、曾毅，正是大家的共同努力才使这么好的一套书能在较短时间内面世。

  衷心盼望本书能够成为我国推进青少年心理健康教育的工具书！盼望每一个青少年能以乐观、积极、阳光的心态面对充满希望的人生！

边玉芳

2023 年 12 月 26 日于北京

前言

亲爱的读者：

当面临父母离婚时，即使你已经是一个青少年，可能也会感觉自己还像个小孩子。家庭关系破裂会让人感到生活动摇、没有安全感，甚至会影响我们的一生。这是一个我们不想出现的变化，感到难过是很正常的，但你可以面对并克服这个挑战。

这本书是专门为帮助你成功应对父母离婚的困境而设计的。本书提供的活动练习并不会魔法般地让事情变好，也不能阻止你父母的分开并让他们重归于好，但它能帮助你更好地理解自己对这件事情的想法和感受，并为你提供应对技巧。

整体来说，离婚对孩子的影响在某些方面是相同的，有些方面则因为家庭情况的不同而存在差异。当你阅读这本书时，你可以了解到其他青少年经历父母离婚时的情况。有的情况会跟你相似，有的则跟你迥然不同。所以，这里的所有练习并不是都适合你。你可以从中选择对你帮助较大的部分，跳过那些不适合你的部分。

在你完成这些练习和经历改变的过程中，要对自己保持耐心和温柔——不要放弃。许多青少年也经历过类似的时期，并最终成功地度过。

试着在直面自己的感受和暂缓自己的情绪之间找到一个平衡。这两种行为对于成长和自我疗愈都很重要。

许多青少年发现，如果拥有一个可以分享和倾诉的人，自己会更容易应对父母离婚这一困境。所以，不要犹豫，去寻找朋友、咨询师或者其他成年人讨论这本书中的练习。要知道，帮助自己的事情做得越多，你就越容易渡过这个难关。

祝你好运，并祝贺你朝着帮助自己的方向迈出了明智而成熟的一步。

莉萨·M.沙布

目录

活动 01	你的想法和感受	001
活动 02	父母离婚后的生存之道	007
活动 03	宣 泄	013
活动 04	内 疚	019
活动 05	恐 惧	024
活动 06	悲伤和抑郁	031
活动 07	愤 怒	037
活动 08	悲伤和失去	042
活动 09	抛 弃	048
活动 10	忽 视	054
活动 11	解 脱	060
活动 12	困 惑	065
活动 13	其他感受	071
活动 14	对和解的期望	077
活动 15	责怪父母中的一方	081
活动 16	归咎于离婚	086
活动 17	你对婚姻的感受	091
活动 18	你的性意识	096
活动 19	搬 家	104
活动 20	住在两个家里	112
活动 21	探 视	117
活动 22	财务情况	124
活动 23	态度的力量	128
活动 24	不会改变的事情	134

活动 25	体育锻炼	140
活动 26	平静的运动	144
活动 27	呼 吸	150
活动 28	与父母沟通	156
活动 29	帮助自己	162
活动 30	向咨询师寻求帮助	166
活动 31	从信任的人那里获取帮助	173
活动 32	你爱父母的权利	179
活动 33	你有权不受父母问题的影响	184
活动 34	你有权保持青少年身份	189
活动 35	你有权获得父母养育	194
活动 36	你有权与大家庭保持联系	199
活动 37	你有权独立于家人	202
活动 38	如果父母中的一方离你很远	207
活动 39	如果父母一方离开你	213
活动 40	当父母中的一方需要帮助时	218
活动 41	可能的积极因素	224

活动 01 你的想法和感受

> **你需要知道的**
>
> 当父母决定离婚时,几乎没有人能改变他们的想法,即使子女也不能使他们回心转意。你可能会觉得父母在做这种决定时完全没有考虑到你的感受。在这种情况下,表达自己的想法和感受可以使你对此有合理的认识。

当布莱恩的父母告诉布莱恩他们要离婚时,他感到非常震惊。布莱恩的父母经常吵架,但是从布莱恩小时候起,他们就这样了。布莱恩从没想过父母会真的分开。布莱恩的哥哥布拉德当时正在外地上大学。对父母离婚这件事情,布莱恩除了跟哥哥谈过几次外,没和其他任何人说过。

渐渐地,布莱恩觉得自己变得暴躁易怒。他对好朋友发火,对老师和教练的态度冷淡,开车的时候也比以前更加愤怒激进。他一直想着父母离婚的事,并试图和母亲谈谈,问她是否有可能改变主意。而母亲只是瞪了他一眼,说:"没有。"

布莱恩本来要写一篇英语论文,论文要求以个人感受强烈的事情为主题。他本打算写吸烟的危害，因为他的叔叔死于肺癌。但当他坐在电脑前时，他脑子里想的和手上写的却都是父母离婚的事情。他写下了父母决定结束婚姻时自己的想法和感受。当在课堂上大声朗读这篇文章时，他意识到表达自己、让别人听到自己的想法确实让自己感觉好些了。

你需要做的

假设你要做一个关于离婚利弊的演讲。为了准备该演讲,请在此处列出离婚的优缺点,并按重要性顺序排列。

优点	缺点

- 现在为你的演讲写一段简短的引言。你会说些什么来吸引听众的注意力?

- 谈谈你的经历如何影响了你对离婚这一人生选择的看法。

你还可以做得更多

- 你认为父母倾听了你对他们离婚的感受吗？为什么？

_____
_____
_____

- 你对父母离婚这个决定的看法如何？（注意：看法并不等同于感受）

_____
_____
_____

- 你认为父母分开生活后会更快乐吗？

- 你认为如果父母更努力些，就能解决分歧吗？为什么？

_____
_____
_____

- 如果你的父母在做决定之前征求过你的意见，你会和他们说什么？

_____
_____

● 请谈谈你对父母离婚这个决定的感受。(注意：感受并不等同于想法)

_____

_____

_____

　　给父母写封信，在信中告诉他们，你对他们离婚这一决定的想法和感受。（你不必寄给他们，但可以与咨询师讨论一下，与父母分享这些想法和感受是不是个好主意）

活动 02 | 父母离婚后的生存之道

你需要知道的

经历父母离婚对任何青少年来说都是一个挑战。这是一个情绪波动剧烈的时期，也是一个充满变化的阶段。虽然这可能是你做过的最难的事情之一，但通过做下面两件重要的事，你可能会让整个事情变得更容易处理，那就是：表达你的想法和感受以及寻求他人的帮助。

玛丽亚不想让任何人知道她父母离婚的事。她不想谈论这件事，也不想去思考它。她甚至不想大声说出这个词。她希望父母能改变主意，希望在几天或几周后，父母能来对她说："你猜怎么着？我们改变主意了，打算继续在一起。"

一个月过去了，玛丽亚除了几乎每天都头痛外，一切都没有改变。医生也查不出任何身体问题。在玛丽亚被问及是否压力大时，她说："没有，一切正常。"然后医生问了一下她对父母离婚的感受。玛丽亚大吃一惊，眼泪夺眶而出。虽然她嘴上说着不想谈论这件事，但眼泪却流个不停。

玛丽亚的医生说他不会强迫她谈论这件事，但是他认为和别人谈谈自己的感受是很重要的。医生认为，玛丽亚的头痛可能是由于她压抑在心里的紧张情绪造成的。

那天晚上，玛丽亚去了叔叔婶婶家。她从小就和他们很亲近。这是她几周来第一次敞开心扉，倾诉自己的感受。她告诉他们自己有多难过，对父母有多生气，对不得不搬家和转学有多害怕。把这些都说完后，她觉得很累，但也很放松。第二天，她头不痛了。

随着时间的推移，玛丽亚继续和叔叔阿姨聊天。尽管她像以前一样厌恶父母离婚这一事实，但是她的头不痛了，也不再那么悲伤了。

你需要做的

在下面的方框中,画下你自己。在你的身体里面,写下你压抑在心里的感受。在你的身体外面,写下你对外表达过的感受。

● 谈谈你对"长期保持痛苦的情绪会导致身体疼痛"这一观点的看法。

● 描述一下在你的生活中,可能是因为压抑感情而引起身体疼痛的经历。

你还可以做得更多

- 你认为玛丽亚为什么既不愿意想起，又不愿意去谈论她父母的离婚？

- 玛丽亚为什么跟她的叔叔婶婶交谈，而不和医生交谈？

- 你认为玛丽亚会对她的叔叔婶婶说什么？

在下面的每一个词旁边，写下一个可能会倾听你或帮助你表达对父母离婚的感受的人名。

老师_____   叔叔_____

咨询师_____   其他家庭成员_____

朋友_____   邻居_____

教练_____   精神领袖_____

祖父母_____   学校员工_____

阿姨_____   其他长辈_____

● 如果你对父母离婚感到沮丧，做个计划，就在下周和上面其中一个人谈谈。写下你们会在什么时候以及在哪里见面。

_____
_____
_____

● 你想告诉这个人什么？

_____
_____
_____

活动 03 | 宣 泄

你需要知道的

当人们经历了非常强烈的感觉，但自己并没有意识到或没有以健康的方式应对时，这些感觉可能会通过负面行为表现出来。这种感觉就是所谓的"宣泄"。负面行为可能包括攻击自己或他人、犯罪、使用药物等。你可以通过直接表达自己的感受来避免这些行为。

杰米里以前在学校从未遇到过麻烦，但自从父亲搬出去后，他发现自己连续三周被叫到副校长办公室。第一周，因为一个同学一直取笑他，杰米里用力地把他推到储物柜里，割伤了他的手臂。第二周，杰米里因为辱骂历史老师而被送到办公室。第三周，他燃放爆竹导致两名学生受伤。

安德里娅告诉所有人她并不在乎父母离婚。她说只要一满十八岁就要搬出去，所以离婚对于她并不重要。因为她的妈妈已经回去全职工作了，所以她很少见到妈妈。她的父亲取消了一半以上的探视监护权，但安德里娅说她也不在乎，因为这给了她更多的时间和朋友待在一起。一天，安德里娅的母亲接到一个电话，说安德里娅在商店行窃被抓了，尽管她身上有很多钱。

当克里斯的妈妈告诉他，她要离开他的父亲嫁给别人时，克里斯感到了前所未有的沮丧。一开始，他认为这不会真的发生，但在妈妈收拾行李搬出去时，他意识到这是真的。于是，他开始与不同的孩子出去玩。尽管他一直认为酒精是失败者的专利，但当参加聚会时，他也开始喝酒，还带着父亲的一些啤酒和其他孩子们分享。最终，他们在一次派对中被抓了，克里斯最终被带到了警察局。

杰里米、安德里娅和克里斯都没有打算做任何让自己陷入麻烦的事情，但事情最终还是发生了。他们都没有意识到自己的行为与他们对父母离婚的感受有什么联系。

你需要做的

再读一遍前面的故事。试着将自己想象成上述青少年，思考一下如果你是他们，事情会变成什么样子。然后回答下面的问题。

● 杰里米对于父亲搬出去是什么感受？

● 你认为杰里米想在学校惹麻烦吗？谈一谈原因。

● 杰里米对父母离婚的感受与他的负面行为之间存在什么关系呢？

● 你认为安德里娅在乎她父母离婚吗？请回答并解释。

- 你认为安德里娅对父母没有时间陪她这件事有什么感受?

- 安德里娅明明有钱支付自己的账单,为什么她要入店行窃呢?

- 描述一下克里斯听到他的母亲和他父亲离婚并嫁给别人时的心理感受。

- 你认为克里斯为什么会酗酒,即使他以前从未想过这样做?

- 这些青少年怎样通过比宣泄更合适的方式来直接表达自己的感受呢?

你还可以做得更多

回想自己在得知父母离婚后的行为。在下面的描述中，找出你为宣泄自己的感受而做过的事情并圈出来。

不做作业	说脏话	喝酒
违反法律	停止学习	翘课
变得爱争论	绝食	撒谎
不洗澡	伤害他人身体	离家出走
自残	破坏物品	夜不归宿

● 描述你做过的任何其他可能是在宣泄情感的行为。
_____
_____
_____

● 写一个小清单，列出你宣泄行为背后的感受。
_____
_____
_____

● 说出你的宣泄行为已经带来或可能带来的负面后果。

_____

_____

_____

● 除了通过负面行为进行宣泄之外,你能想到其他可以更恰当地表达自己感受的方式吗?

_____

_____

_____

活动 04 | 内疚

> **你需要知道的**
>
> 许多正在经历父母离婚的青少年会怀疑父母分开是不是自己的错。他们会感到内疚,并认为如果自己表现得更好,获得更好的成绩,成为更好的孩子,那么他们的父母就不会分开。要知道,父母离异从来都不是孩子的过错。离婚是两个成年人之间的决定,并且只有他们两个人需要对这件事负责。

当大卫和艾米的父母离婚时,他们讨论了本可以做些什么来阻止父母离婚。他们谈到他们两人经常争论谁先上厕所、轮到谁打扫洗碗机或喂狗。这些时候,他们的父母会对他们感到失望,也会互相生气。大卫和艾米想,如果他们能相处得更好,也许他们就可以挽救父母的婚姻。

大卫也想知道父母离婚是否与他踢足球受伤有关。在他膝盖脱臼的那年里,家里需要支付许多医疗账单。大卫知道他的父母经常因为钱而争吵,他想知道是不是他的医疗账单把父母的关系推向了绝境。

艾米想起了自己在阅读时遇到的困难。她经常需要辅导,并且总是觉得自己辜负了父母。有时他们不得不花很多时间帮她进行额外的辅导。

她想，如果自己是一个更好的学生，他们就不用为自己操心了，婚姻也会更美满。

　　有一个周末，当大卫和艾米去拜访父亲时，父亲听到他们在谈论这件事。于是他和他们坐下来，毫不含糊地解释说，离婚与他们无关。离婚是因为他和他们的母亲无法相处，并不是别人的错。父亲甚至打电话给他们的母亲来证实这一说法，母亲也表示了同意。离婚的原因绝对不是因为大卫或艾米曾经做了或没有做什么。他们没有必要对此感到内疚。

你需要做的

内疚是一种感受,当我们告诉自己应该为自己所做的、被自己判定为错误或消极的事情负责时,就会产生这种感觉。在每幅图片下面,说出你认为青少年产生内疚的原因。

- 这些照片里的青少年真的做错了吗?

- 解释一下上述情况与对父母离婚感到内疚的想法有何不同。

你还可以做得更多

- 你有没有想过自己可能做了什么事情从而导致父母离婚？

_____

- 你能理解离婚和孩子、青少年或任何人都没关系，而只是离婚双方的决定吗？写一写你的想法。

_____

_____

- 关于这个话题，你有什么别的问题、想法或者感受吗？

_____

_____

- 如果你对父母离婚有任何内疚感，请和父母或其他人谈谈。你想和谁交谈？你打算说些什么？

_____

_____

- 关于这个话题，你有什么别的问题、想法或者感受吗？

_____

_____

活动 05　恐　惧

> **你需要知道的**
>
> 当父母离婚时，孩子感到恐惧是很正常的。因为父母离婚会带来许多未知因素，你的生活可能会发生很多变化。在这种情况下，大多数人会感到害怕。你可以通过收集信息、评估各种可能性，以及利用你的优势来克服这些恐惧。

内森简直不敢相信自己会感到紧张。他一直认为自己非常独立。对于这个年龄来说，他显得相当成熟，通常是他的朋友们来向他寻求建议。但父母的离婚让他感到失去了平衡。每当想到这件事情，他就开始感到恶心，有时甚至感到头晕目眩。他在健康课上了解到，这些都是焦虑或恐慌的典型症状。他对自己的这些反应感到生气，因为他认为这是懦弱的表现。

他试图忽视这些不舒服的感觉，但随着父母分居的日子越来越近，他的症状变得越来越严重。有一天，在计算机课上，老师问他是否想去校医办公室——因为老师觉得内森看起来脸色苍白还有些虚弱。内森感到很尴尬，但他最后确实去找了校医室的护士，并进行了长谈。护士没有发现内森的身体上有什么问题，但她说症状可能是因为焦虑，并问他是否有压力。内森最终告诉了护士自己的家庭情况——后来，他认为跟护士倾诉是自己做过的最恰当的决定。护士从档案抽屉里掏出一张纸，和他一起看了一遍。这张纸上描述了帮助他战胜恐惧的三个步骤：收集信息，评估各种可能性和利用自身优势。那天晚上，内森在家里开始尝试这些策略，几个星期后，他的恶心和头晕就消失了。

你需要做的

下面的列表描述了许多青少年在父母离婚时所经历的一些常见恐惧。请勾出你经历过的情境。

☐ 再也没有见过父亲或母亲

☐ 搬到新家

☐ 失去朋友

☐ 转校

☐ 夹在父母的争吵中间

☐ 被指责应该对父母的离婚负责

☐ 被说闲话

☐ 没有足够的生活费

☐ 再也不能体会"家"的感觉

☐ 丧失家庭传统

☐ 一方父母再婚

☐ 体验重组家庭的生活

☐ 失去与父母一方的亲密关系

☐ 被要求选择父母其中的一方

- ☐ 必须填补缺席父母的空缺

- ☐ 不得不照顾一个伤心的父母

- ☐ 影响自己将来的婚姻

- ☐ 父母中的一方或双方无法照顾你

● 描述你有的但上面没有列出的其他恐惧。
_____
_____

● 在下面写下你打了勾的恐惧情境,并把它们按由高到低的恐惧程度来进行排序。
_____
_____

● 列出生命中其他令你感到害怕的事情。
_____
_____

● 描述一下你在其他情境下是如何克服自身恐惧的。如果你不习惯这种类型的自我反思,你可能需要思考一段时间。
_____
_____

你还可以做得更多

校医室的护士提供了以下处理恐惧、忧虑和焦虑的方法。

处理恐惧、忧虑和焦虑

1. 收集信息

很多时候,我们都会害怕那些未知的事情。收集尽可能多的信息可以帮助我们感到更加自信。例如,如果你担心父母离婚后你可能再也见不到他们了,那么你可以通过与父母交谈来收集信息:包括询问探视计划;了解如何从父母一方的住址到另一方的住址;了解即使不在预定的探视时间,你能否多见到你的无监护权的父母;弄清楚是否可以和父母双方一起庆祝节日。可以询问任何你担心的问题。

2. 评估可能性

这一步包括检查你的恐惧真正发生的可能性。我们的恐惧往往是基于最坏的情况,而当我们理性地思考时,就知道最坏的情况通常不会发生。在确定恐惧发生的可能性后,想想如果它真的发生了,你会怎么做?将如何应对?会采取什么方式来照顾好自己?会采取什么行动向别人寻求帮助?例如,如果你担心你的监护人可能没有钱,请和父母谈谈他们的财务计划。问问他们有没有足够的钱来负责你的吃、穿、住。如果他们说有很大的可能性发生你担心的情况，看看下一步将会采取什么措施。父母其他一方会找第二份工作吗？你是否需要通过兼职来为这个家庭做出贡献？有没有亲戚可以帮忙？通常，最坏的情况不会发生，但如果发生了，你也已经有一个行动计划帮助你渡过难关。

3. 利用你的优势

没有人喜欢去想象自己的恐惧变成现实，但如果我们认为自己无法处理将要发生的事情，就会感到更害怕。当我们停下来思考时，通常会发现自身具备能够克服困难的力量——包括面对自身的恐惧。我们的优势是能够帮助自己应对或改善情况的情感、心理、身体或精神上的品质。例如，如果你害怕搬家和进入一所新学校，想想你的优点以及如何运用它们应对这个挑战。你应该能回想起从小学升中学时你是如何适应新学校的？最终你成功地适应了。你可能会想起别人说你擅长拍照，那么你可以加入新学校的摄影俱乐部或做年鉴编写的工作来结交新朋友。由此，你也许会发现无论是在什么情况下，都会有好的事情发生，并有意识地从这次搬家或转校中寻找积极的一面。认识并利用自己的优势可以帮助我们克服恐惧。

● 请更详细地描述一种由父母离婚所带来的恐惧。

_____
_____
_____
_____

你会如何使用上述应对技巧来克服恐惧？回顾在这个活动中你曾经提到的自己处理恐惧的方法，以帮助你回答这个问题。

● 我将收集什么信息：_____
_____

● 我将评估哪些可能性：_____
_____

● 我将使用哪些优势：_____
_____

活动 06 悲伤和抑郁

你需要知道的

当父母离婚时,孩子们经常会感到悲伤或抑郁。抑郁是一种更深层次、更具有弥漫性的悲伤类型。你可以通过意识到这些情绪、表达这些情绪、采取行动寻求缓解,以及在必要时寻求帮助来控制这些情绪。

艾丽西亚和布兰迪参加了一个为正在经历父母离婚的青少年而设立的支持小组。在会议上,小组成员分享他们的感受,并倾听别人的故事。艾丽西亚和布兰迪发现,虽然他们都对所发生的事情感到悲伤,但他们经历的悲伤程度不同。

艾丽西亚独处时会想起父母离婚这件事,有时她还会哭泣。她在学校总是不能够集中注意力,也不想和朋友们出去。她发现,如果她鼓励自己再坚持一下,就可以投入某件事情从而让自己不再沉浸在父母离婚这件事情中,比如在医院担任志愿者就会让她感到好受一点。

布兰迪的悲伤影响了她的日常生活。她在早上不想起床,因此错过了去学校的校车。晚上,她只想躺在沙发上看电视,并且食欲不振,也不再去上舞蹈课了。她的成绩在下降，人也总是感到很疲惫。

　　支持小组的负责人萨默斯帮助了这两个女孩。他鼓励艾丽西亚在小组活动中继续表达自己的感受，并将这些感受写成日记。他认为继续跟朋友出去玩，以及花费更多时间在志愿者工作上是个好主意，因为帮助别人能够让她把注意力从自己的问题上转移到别处。

　　他见了布兰迪和她的父母，并建议布兰迪去寻求一些帮助。他告诉她的父母，布兰迪必须重新开始好好吃饭并按时上学。他给了他们一个咨询师的名字，告诉他们，除了支持小组之外，布兰迪还可以每周再与这个咨询师约见一次。这些方法都起到了作用，终于，布兰迪开始好起来了。

你需要做的

根据你经历这些悲伤症状的程度,给自己打分。

	根本不				中等水平				非常	
哭泣	1	2	3	4	5	6	7	8	9	10
吃不下饭	1	2	3	4	5	6	7	8	9	10
睡眠困难	1	2	3	4	5	6	7	8	9	10
感觉到低落	1	2	3	4	5	6	7	8	9	10
感觉到疲惫	1	2	3	4	5	6	7	8	9	10
不想跟朋友们待在一起	1	2	3	4	5	6	7	8	9	10
对未来感到没有希望	1	2	3	4	5	6	7	8	9	10
对以前喜欢的活动的兴趣下降	1	2	3	4	5	6	7	8	9	10
成绩下降	1	2	3	4	5	6	7	8	9	10
陷入麻烦	1	2	3	4	5	6	7	8	9	10
感到无望	1	2	3	4	5	6	7	8	9	10
难以专注	1	2	3	4	5	6	7	8	9	10
感到无价值	1	2	3	4	5	6	7	8	9	10
感到内疚	1	2	3	4	5	6	7	8	9	10

● 你有多少种症状高于 5 分？

_____
_____

● 你认为悲伤会影响你的人际关系吗？解释一下原因。

_____
_____

● 悲伤会影响你去上学以及你的学习成绩吗？解释一下原因。

_____
_____

● 描述你的悲伤，并说说你觉得最悲伤的事情和原因。

_____
_____

● 与你的父母、咨询师或其他你信任的成年人分享你的打分和答案。谈谈你的悲伤有多深，以及你是否需要一些额外的帮助来处理它。

_____
_____
_____
_____

你还可以做得更多

之前的练习应该可以帮助你意识到自己的感受。表达感受是改善悲伤情绪的重要一步。下面的短语列举了可以安全表达悲伤的活动。圈出你使用过的方式。

哭泣	跟朋友倾诉	写日记
听音乐	画画	跟咨询师交谈
散步	养宠物	练习瑜伽
跟亲戚倾诉	深呼吸	写诗

● 写下你表达悲伤的其他方式。

_____

_____

_____

● 上述活动中,哪些是你喜欢的表达悲伤的方式?

_____

_____

_____

● 除了承认悲伤和发泄悲伤之外，停止思考悲伤也很重要。说说你喜欢通过什么活动来摆脱悲伤，获得快乐。

_____

_____

_____

● 你计划在未来几天内开展哪些活动？请坚持你的计划。

_____

_____

_____

如果你正在认识、表达悲伤并试图从悲伤中摆脱，但这些练习对你的帮助还不够大，或者你感到极度悲伤并且这种悲伤已经严重干扰到了你的生活，那么你就需要寻求额外的帮助。你可以试着和父母、咨询师，或其他可以帮助你的成年人谈谈。向他们展示这个练习，或者向他们解释你到底有多悲伤。如果你觉得没有任何人可以帮助你，你可以拨打心理咨询热线。

活动 07　愤 怒

> **你需要知道的**　当父母离婚时，你感到愤怒是非常正常的。你完全可以感到愤怒，但表达愤怒的方式合适与否很重要。为了保证自己和他人的安全，通过健康又适当的方式来宣泄你的愤怒是非常重要的。

伊恩对他父母离婚感到非常生气。他几乎只要一见到他们，就会感受到自己内心的愤怒。他知道如果对着他们尖叫，自己就会陷入麻烦当中，所以抑制住了自己的愤怒。有一天，他妈妈去上班时，他走进自己房间，"砰"地关上门，用拳头狠狠砸向卧室的墙。

尼基对她父母的离婚非常生气。她几乎只要一见到他们，就会感到愤怒。她知道如果对父母尖叫，自己就会陷入麻烦当中，所以她抑制住了愤怒。在学校里，她会假装很快乐，并继续克制自己的愤怒。她发现自己在课堂上很难集中注意力，甚至忘记交作业。每天放学回家，她的上背和肩膀都隐隐作痛。

雷蒙对他父母的离婚非常生气。他几乎只要一见到他们，就会感到自己内心的愤怒。他知道如果向父母尖叫，自己就会陷入麻烦当中，所以抑制住了自己的愤怒。他开始在学校跟别人打架。任何人只要稍稍激怒他，都会被他推搡或绊倒。他的学校对于校园暴力实行零容忍政策，因此不久之后，雷蒙就被停课了。

　　这些青少年都有权利去感受和表达愤怒，但没有一个人以健康或适当的方式来处理自身的愤怒。

你需要做的

以下图片展现了伊恩、尼基和雷蒙处理自身愤怒的场景。

  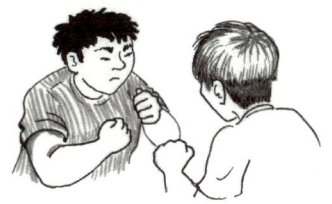

以下短语描述了更健康和更安全的表达愤怒的方式。请在你认为可能对伊恩有帮助的短语后面标上"I",在你认为可能对尼基有帮助的短语后面标上"N",在你认为对雷蒙有帮助的短语后面标上"R"。

谈论自己的愤怒	写下自己的愤怒	听音乐
跑步	投篮	跳舞
捶打枕头	游泳	快走
骑单车	踢球	击打沙袋
画画	在室外大叫	大声歌唱

● 写下你的其他想法:

_____

_____

_____

你还可以做得更多

● 列出一些你在父母离婚时感到愤怒的事情。把它们按照从最让你生气到最不生气的顺序排列。

_____   _____
_____   _____
_____   _____
_____   _____

● 在下面的方框中，画一个条形图或简单的形状来代表你。然后使用线条、形状或阴影来表现你的愤怒，把愤怒的位置画在你的内部或周围。试着展示你的愤怒有多大以及你的感觉有多强烈。

- 描述一下你通常如何宣泄自己的愤怒情绪。

- 你采取的哪些行动是安全和合适的表达愤怒的方式,哪些是不安全或不合适的?

- 再来看看上面清单中的方式,你认为哪些能帮助你?

- 与咨询师或其他成年人谈谈如何将这些想法付诸实践。下次当你感到生气的时候,试着把自己的愤怒安全地表达出来,并描述发生了什么。

活动 08　悲伤和失去

> **你需要知道的**　当生活发生变化时，我们总会失去一些东西。当父母离婚时，你的家庭就发生改变了。即使你仍然能够看到他们，并且知道他们也都爱着你，但你的家庭不再以曾经的方式存在。当你经历失去时，感到悲伤是很正常的事情。

医学博士伊丽莎白·库布勒·罗斯（Elisabeth Kubler-Ross, M.D.）第一个指出了人们在经历失去时所经历的 5 个悲伤阶段，这 5 个阶段如今已经广为人知，也同样适用于离婚这一场景。值得注意的是，这 5 个阶段并不是完全线性的，你不会先经历并完成前一个阶段，然后再进入下一个阶段。你可能会按任意顺序经历各个阶段，并且可能会多次重新经历其中的一个或多个阶段。

1. **否认**：你不敢相信你父母离婚是真的。你试图否认它正在发生，或者大脑不让你相信这件事会发生。你可能会想"这不可能是真的"。

2. **愤怒**：你对父母离婚这件事感到愤怒。你不希望它发生，你对他们、他们的婚姻咨询师、你的祖父母甚至整个世界生气，因为他们居然允许这种事发生。

3. **讨价还价**：也许你想说服父母不要离婚。你可能会告诉他们，如果他们不离婚，你这学期就一定能拿全 A 的成绩。你可能会说，只要他们不离婚，你就再也不会和姐妹吵架了。也许你还试图求助神灵，和神灵约定：如果你的父母还能在一起，你将再也不挖苦他人，或者会把一半的生活费捐给有需要的孩子。

4. **抑郁**：你开始对自己和家里正在发生的事情感到失落和悲伤。你会想到所有你不希望发生或者不喜欢的改变。你可能会感到绝望或无助，并且感到很沮丧。

5. **接受**：在这个阶段，你终于不再对抗离婚的事实，并开始接受正在发生的事情。

你需要做的

在下面的方框中,简要画出你父母离婚前的生活方式。展现你们住在哪里,和谁住在一起,以及家庭是如何建立情感联系的。

在这个方框里,简要画出父母离婚后的家庭,展现住所和家庭成员的变化以及家庭成员间现在是如何建立情感联系的。

● 看到家中这些改变,你最直观的感受是什么?

● 父母离婚让你失去了哪些东西?

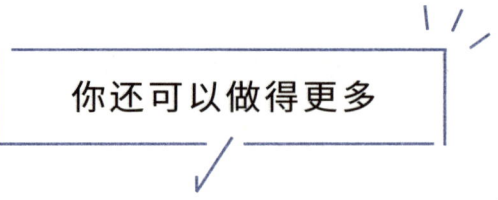

你是否经历了悲伤的 5 个阶段？你是如何经历的？请写一写。

● 否认_____
_____

● 愤怒_____
_____

● 讨价还价_____
_____

● 抑郁_____
_____

● 接受_____
_____

每个人经历过不同的悲伤。悲伤的反复是正常的。有一天你可能会认为一切都过去了，但第二天你又再次感到很糟糕。以下的方法可以帮助人们应对悲伤。在你觉得可能对自己有帮助的选项上打钩。

- ☐ 表达你的感受。以一种你觉得安全的方式谈论或写下你的悲伤。
- ☐ 建立一个属于你的"支持网络"。列出一份名单,当你觉得需要人陪伴时,就去找他们。
- ☐ 让注意力远离你的悲伤。听音乐、看电影、运动,或者和朋友出去玩。
- ☐ 想想你仍拥有的。你可能因为父母离婚失去了一些东西,但也有很多东西你没有失去:你的健康、你的学识、你的才能和技能、你的朋友,以及你父母的爱。
- ☐ 专注于你能掌控的东西。你不能阻止你的父母离婚,但有很多事情你可以掌控:选择和谁做朋友,参加什么活动,想为你的未来做些什么,想成为一个什么样的人。
- ☐ 照顾好自己。悲伤的情绪可能会消耗体力。保持足够的睡眠、坚持锻炼、维持良好的饮食习惯可以帮助你保持强健的体魄。
- ☐ 避免成瘾性活动。酒精、暴饮暴食可能会暂时帮助你摆脱悲伤,但它们也会让你上瘾,这并不会让你痊愈。

给自己一些时间去疗愈。对自己耐心点。父母离婚会给你的生活带来巨大的改变。你要允许自己花一些时间来调整。

● 描述一下你会如何将这些想法付诸行动。

_____

_____

活动 09　抛 弃

> **你需要知道的**　青少年开始与父母分离并发展为独立个体是很正常的事情。然而，当父母离婚时，青少年可能会觉得父母已经和自己分开了。他们可能会有一种被抛弃的感觉，他们可能会感到失去了稳定的父母支持所带来的安全感，于是开始逐渐有疏离感。

林德塞独自坐在看台上，不知所措。她想和朋友一起去参加学校的周末滑雪旅行，但同时，她又不想离开家。她知道自己去了会很开心，但也觉得有点紧张。一想到父母离异，她就像站在流沙中，失去了过去拥有的那种安全感。

滑雪俱乐部的发起人是她的社会学老师戴维斯先生。当他看到林德塞没有上交报名表时，他问她为什么犹豫不决。林德塞说她不确定。她解释说，自从发现她的父母打算离婚，她感觉自己就像一个在超市迷路了找不到妈妈的小孩。她觉得父母在她需要他们的时候离开了她，感觉自己被抛弃了。

林德塞不确定自己是否表达清楚，但戴维斯先生似乎明白了她的意思。他说他的父母在他15岁的时候就离婚了,他也有一种被抛弃的感觉。他说林德塞可以做一些事情来让自己感觉好一些。戴维斯先生把这些想法写在一张纸上,并建议她去尝试其中的一个或全部想法,然后告诉他效果如何。

戴维斯先生是这样写的:

1. 告诉爸爸妈妈你的感受。让他们向你保证,即使离婚,他们也仍然爱你,也仍然是你的父母。确保你可以经常和父母待在一起。

2. 亲近你的大家庭。与他们的联系可以增强你的安全感。拜访他们或与他们交谈(如你的祖父母、姑姑、叔叔和堂兄妹等),和他们一起庆祝节日。

3. 与你觉得亲近的其他成年人保持联系(如老师、咨询师、教练、邻居或其他人)。记住,当你需要他们的时候,他们会支持你。

4. 继续和你的朋友去参加你喜欢且有益的活动。当你尝试新事物、享受乐趣并获得成功时,你会对自己建立信心。

5. 请记得你的父母过去曾在一起很多年,他们在你的成长过程中陪伴着你。他们赋予你的理想和爱还在。继续保持他们带给你的智慧和爱。

你需要做的

在下面的每张图片中,描述图片中正在发生的事情和青少年的感受。

画两幅相似的画,来描绘自己和自己生活中的细节。

描述每一幅图片中你的想法和感受。

你还可以做得更多

思考戴维斯先生给林德塞的一系列方法,然后回答以下问题。

- 你相信父母离婚后还爱你吗?他们说了什么来向你证明。

_____
_____
_____

如果你不相信,找一个时间和父母谈谈。如果这个练习能够帮助到你,你可以向他们展示这个练习。

- 你和父母在一起的时间足够多吗?如果不多,请与他们讨论如何改进。

_____
_____
_____

- 列出在大家庭中你觉得亲近的人。你计划如何继续定期和他们见面呢?

_____
_____
_____

● 如果你担心自己不能和他们保持联系,和你的父母或者你的大家庭成员谈谈如何实现目标。

_____

_____

_____

● 列出你觉得亲近的其他成年人。按你可能向其求助的可能性给他们编号。

_____

_____

_____

● 列出你有兴趣参与的任何活动,或者你感兴趣的领域,这些能帮助你成为一个独特的人。在每一个活动的旁边,写下你可以具体做些什么来深入。

_____

_____

_____

● 在接下来两周内实施其中一个步骤。完成之后,在这里描述你的体验。列出你父母教给你或赋予你的、你珍视并会将其延续到成年的东西。

_____

_____

_____

活动 10　忽视

你需要知道的　当父母离婚时,他们的生活会发生重大变化,这需要花费大量的时间、体力和精力。离婚可能需要他们花费更多时间来工作、会见律师和咨询师、准备搬家等。在这个时期,因为父母非常关注自身,青少年往往会感觉被忽视。

迈克尔用微波炉加热了自己的晚饭,然后坐下来看电视。他感到很糟糕。他厌倦了回到空荡荡的家,厌倦了加热晚餐,厌倦了家庭生活中围绕着这次愚蠢的离婚展开的一切。

他的父母谈论的所有事情似乎都是有关离婚的。"事情会改变的,迈克尔——你必须更加独立。""我不回家给你做晚饭了,亲爱的。我们要和律师见面。""这个周末我不能去看你的比赛了,迈克尔。我得去看一套公寓。"迈克尔一开始就讨厌他们的离婚,随着时间的推移,他更加痛恨了。他的父母过去常常有空陪他。尽管有时会抱怨,但他喜欢一家人共进晚餐,或者去玛丽阿姨家玩周日拼字游戏。他喜欢妈妈有时间帮他叠衣服,爸爸辅导他学习代数。但现在,他们几乎从不在家,即使在家，也会为谁得到钢琴或卧室家具而争吵。

　　一天晚上，当他在朋友埃里克家学习时，他给父母发了一封电子邮件。因为他有点生气，所以说得有点夸张。他写道："嗨，还记得我吗？我暂时不会回家了。不过你不会注意到的。迈克尔。"然后他计划在埃里克家过夜，第二天从那里去上学。当天晚上，当迈克尔的妈妈看到这封邮件时，她打电话给迈克尔的爸爸，然后他们一起去埃里克的家把他带回了家。他们三个坐下来并进行了交谈。他们告诉迈克尔，他要向他们倾诉自己的感受，而不是变得生气和逃避，这对于他们很重要。迈克尔起初不想说什么，但最后他告诉父母他感到自己被忽视了，仿佛自己再也没有父母了。他的父母说离婚对他们来说也很不容易，但他们为没有陪在迈克尔身边而道歉。他们设定了一个花费更多时间待在一起的目标，并写下了实现这个目标的具体方法。事情没有完全恢复正常，因为他的父母最终还是离婚了，但是他们确实在努力实现目标，这让迈克尔感觉好多了。

你需要做的

这是迈克尔给他父母的电子邮件的副本。

主　题：来自你儿子的问候

发件人：michael@qxy.com

日　期：5月10日晚上 9:30

收件人：momndad@qxy.com

信　息：

嗨，还记得我吗？我暂时不会回家了。不过你不会注意到的。

迈克尔

● 迈克尔当时是什么感受，导致他说出这些话？

_____
_____
_____
_____
_____

迈克尔在他的电子邮件中说了很多讽刺的话。尝试使用诚实和直白的方式改写他的邮件，不要使用讽刺的语气。

主　　题： 来自你儿子的问候

发件人： michael@qxy.com

日　　期： 5月10日晚上9:30

收件人： momndad@qxy.com

信　　息：

- 你认为迈克尔在他的第一封电子邮件中试图传达什么信息？

你还可以做得更多

当父母离婚时，他们的时间可以被以下任何一件或所有事情占用。圈出下列能够描述你父母情况的短语。

和朋友打更多的电话　　　　　　抱怨律师费用

花更多的时间在工作上　　　　　互相争吵

寻找新的工作　　　　　　　　　寻找新的住处

跟律师见面　　　　　　　　　　哭泣或悲伤

发呆　　　　　　　　　　　　　睡得更多

不听你说的话　　　　　　　　　忘记自己的责任

酗酒　　　　　　　　　　　　　寻找咨询师

互相抱怨　　　　　　　　　　　花更多时间和朋友出去

看更多的电视　　　　　　　　　谈论经济上的担忧

● 描述父母因为离婚做的其他事情，这些事情导致他们更少关注到你。

_____

_____

_____

● 你曾经是否感到自己被忽视了？描述一下你的感受与迈克尔的感受有何相似或不同。

.

如果你感觉自己被忽视，可以通过以下方法来帮助自己：

1. 告诉父母你的感受，询问他们可以做些什么来改变这种情况。

2. 让自己忙于喜欢的、有益的活动——和朋友在一起，参加体育活动或学校俱乐部的活动等。

3. 向别人倾诉你的感受——亲戚、朋友、老师、咨询师或其他你信任的人。

活动 11 解 脱

> **你需要知道的**
> 虽然许多与离婚相关的情绪让我们感觉很糟糕,但如果你同时产生了一些积极的情绪也是很正常的。有时候,青少年会在父母离婚时感到解脱,甚至快乐。如果不能意识到这种感觉是正常的,他们可能会对自己的快乐感到内疚。

杰西的父母办理离婚手续已经快四年了,因为他们有很多财产和物品,并且有四个不同年龄的孩子,他们感到非常痛苦,并且很难就离婚条款达成一致,导致这个过程一拖再拖。

杰西,13岁,是兄弟姐妹中最大的孩子。她的妹妹10岁,她的两个弟弟分别是7岁和5岁。他们都目睹自己的父母为了离婚而争吵了四年。他们讨厌意见不合,不喜欢父亲有时和他们住在一起,有时住在另一所房子里。他们认为妈妈可能交了男朋友,他们也不喜欢这样。他们不觉得自己是一个"已婚"家庭,也不觉得自己是一个"离异"家庭。处于中间的某个位置让人感到不安和困惑。

当真正离婚的那天到来时,杰西简直不敢相信自己有多幸福。一切终于结束了！她一感受到这种幸福的涌动，就开始哭了起来。但她也感到羞愧、内疚和害怕。她想，如果自己对父母离婚感到高兴，那她一定是有什么问题。第二天她和咨询师谈了谈，咨询师说杰西有这种感觉是完全正常的，考虑到她在过去几年里经历的所有困难。她说杰西可能会感到解脱，因为这一切都结束了，他们能够以一种更和平的方式继续他们的生活。

你需要做的

有很多合理的原因来解释当父母离婚时青少年可能会感到快乐的现象。但有时孩子们也会为了掩盖他们的真实感受而假装对此很高兴。请在你认为描述的是真实的快乐感受旁边标上"R",在你认为代表掩盖其他感受的陈述旁边标上"CU"。

"当我的父母开始分开生活时,这其实很好,因为我不用晚上躺在床上听他们争吵了。"

"当我父母离婚后,我会在周末去爸爸家,我发现和他在一起的时间比他住在我们家的时候还多。我意识到自己喜欢这种改变。"

"我很高兴我父母离婚了。现在只有一个人来烦我了。"

"有时候我真的很高兴父母离婚了。现在和我妈妈在一起轻松多了,甚至有趣多了。离婚让她有了很大的改变。"

"我父母离婚后相处得更好了。这是我真正感到高兴的事情。"

"我父母离婚了,这很酷。这是他们的生活,反正对我没有什么影响。"

"我爸妈离婚了真好。我爸爸真是一个失败者。没有他我妈妈会过得更好。"

- 如果你在陈述旁边标注了 CU，那这些青少年试图掩盖的真实感受是什么？

你还可以做得更多

- 如果你真的为父母离婚而感到高兴，阐述你的理由。

_____

_____

- 如果你曾经假装对父母离婚感到高兴，阐述你的理由。

_____

_____

- 你是否认为杰西真的对她父母的离婚感到高兴？解释你的观点。

_____

_____

很重要的是，你既有理由对父母离婚感到高兴，也有理由对此感到不高兴。很少会出现只有高兴或者完全不高兴的情况。在下面的量表中，描述你对父母离婚感到高兴和不高兴的比例。

我感到快乐的比例

0%　10%　20%　30%　40%　50%　60%　70%　80%　90%　100%

我感到不快乐的比例

0%　10%　20%　30%　40%　50%　60%　70%　80%　90%　100%

活动 12 困 惑

你需要知道的
当父母离婚的时候，同时体验到各种不同的感受是很正常的。你可能会感到悲伤、恐惧、内疚、愤怒……也可能有很多矛盾的想法，这些感觉会让你感到困惑，但是这一切都是正常反应。

柯蒂斯认为他知道自己想要什么样的生活。他知道他想成为像父亲一样的工程师；他知道他想住在城市里；他知道他想去很多很酷的地方旅行；他知道他希望有一天能有一个妻子和孩子。他认为他也很了解自己：知道自己喜欢篮球；自己非常喜欢科学，而对英语却不怎么感兴趣；喜欢有幽默感的女孩；可能会喝啤酒，但绝不会吸毒；并相信勤奋能让人走得更远。

但是当柯蒂斯的父母离婚后，似乎一切都变了。突然间，他觉得什么都不确定了。他对爸爸感到生气，不知道自己是否还想当工程师，更不想在任何方面像爸爸了。他想，如果结婚可能会带来离婚的痛苦，他可能永远都不想结婚了。他不确定生活是否仍然公平，并且质疑在学校所做的努力是否真的值得。柯蒂斯感到很困惑。

在一次争吵中，柯蒂斯告诉父亲自己恨他。父母都吃了一惊，但父亲可以看出柯蒂斯非常难过。他让柯蒂斯冷静下来，然后他们聊了起来。柯蒂斯告诉父亲自己所有的困惑和想法。父亲告诉他，这些想法和感觉是正常的——家里的每个人都有。他们的生活发生了巨大的变化。他们都失去了一些自己坚信的东西，很难找到一种平和的方式去思考这件事。

接下来的周末，柯蒂斯和他的兄弟以及父亲更多地谈论了离婚对各自生活的影响。他们分享了自己的感受和想法。当柯蒂斯发现哥哥也很困惑时，他松了一口气。父亲说，如果他们能确定是什么让他们感到困惑，然后去谈论这些事情，并意识到自己的感受是正常的，他们就会感觉好点。柯蒂斯说，光是知道自己不是唯一感到困惑的人就已经让他感觉好多了。

你需要做的

下图显示柯蒂斯被所有让他感到困惑的想法和感觉所包围。在右边的框中画出你自己,写下所有因为父母离婚而让你感到困惑的事情。

● 你的自画像与柯蒂斯的有什么相同和不同之处？

● 当你看着自己的自画像时，哪个地方让你印象深刻？

● 看着自己的自画像，你有什么感受？

你还可以做得更多

- 列出你在自画像中写下的困惑和感受。

- 上述哪种感受你觉得最难处理？为什么？

- 上述哪种感受对你来说最容易处理？为什么？

- 如果可以，请写下你觉得需要注意的其他事项。你可以记录在其他纸上。这项练习可能需要几天甚至几周才能完成。请尽量在一个月内完成它。

● 如果你有任何让自己感到非常苦恼的事情，找咨询师或其他成年人谈谈。聊完之后你有什么感受？

_____
_____
_____
_____
_____

活动 13　其他感受

> **你需要知道的**　当父母离婚时，我们通常会感到愤怒、悲伤、内疚和恐惧。当然，你也可能会有一些其他的感受。识别和接受这些感受可以让你感觉更好。

"有时我无法描述我的感受，"奥布里在她的心理健康课上说道，"我知道这些感觉来源于父母离婚，但我总是不知道它们是什么。"

心理老师塞奇威克女士要求学生分小组讨论他们的感受。奥布里和其他一些学生很难准确地说出自己的感受。塞奇威克女士说："我们经常忽视了自己的感受，也没有掌握足够的关于它们的知识，所以要准确描述所有的感受并不容易。"为了帮助全班同学，她给大家分发了一些卡通脸谱，这些脸谱表达了许多不同的感受。

班上很多学生没有意识到人类情感的多样性，塞奇威克女士对于这一点并没有感到惊讶。在这堂课上，她让孩子们去谈论每种感觉的含义，让他们了解到不同的人可能会用不同的方式来定义同样的感觉，在某些时候所有被体验到的感受都是正常的。通过卡通脸谱表，奥布里能够确定她难以表达的感觉可能是失望、担心和尴尬——这些她以前从未想过的感觉。给自己的感受起个名字，并且了解到自己的经历很正常，这让她感觉好多了。

你需要做的

下面的表情图代表 20 种不同的感觉。在尽可能多的表情旁写下你经历那种感觉时的情景。如果你不明白特定的感觉是什么,可以问问成年人或者在字典中查找。

担心

勇敢

平静

困惑

失望

尴尬

兴奋

内疚

开心

易怒

嫉妒

孤独

坠入爱河

愤怒

自豪

伤心

恐惧 _____

害羞 _____

惊喜 _____

沮丧 _____

把你最常经历的感受圈起来。

父母离婚给你带来的感受是什么？请在相应的表情旁标注"D"。

你还可以做得更多

- 塞奇威克女士为什么要让她的学生学习这些感受?

- 为什么大多数人只能意识到有限的几种感受?

- 列出与父母离婚有关但这里没有提到的你所感觉到的任何感受。如果你难以给你的感觉命名,可以简单描述一下它,或者描述一下让你产生这种感受的情景。

即使某种感受对你来说很陌生,你也有可能正在经历它。记得提醒自己有这种感觉非常正常。

重要提示:如果你体验到一种强烈到让你害怕的感觉,告诉一个成年人你正在经历的事情。

活动 14 对和解的期望

> **你需要知道的**　许多父母离异的青少年都梦想有一天父母会化解分歧并复合。虽然这种情况很少发生,但是希望它发生也是正常的。

一天晚上,丹妮尔和她的哥哥亚当在家里看电视。出人意料的是,丹妮尔问亚当是否想过他们的父母会重新在一起。亚当说丹妮尔简直疯了——因为他们的父母已经离婚两年了,他们都在和别人约会,而且看起来肯定不会复婚。

丹妮尔说自己知道这些,但仍然希望这会发生。她认为,父母可能只是需要时间来弄清楚自己能否找到更好的伴侣,而当他们意识到这一点后就会复合。

亚当再次说丹妮尔疯了,但是几分钟后,他也承认自己有时也会想到这件事。当他们的父母开始第一次离婚诉讼时,亚当说曾想过要让他们继续在一起。他想,如果他在滑雪时摔断了腿,那么父母都必须去医院看他,他们可能会谈论家庭有多重要,并决定不会离婚把大家拆散。

丹妮尔说,她过去常常想到,如果妈妈下班回家时,看到她做了一顿非常美味的晚餐，在桌子上放上了蜡烛，播放了轻柔的音乐，还叫了她爸爸过来，她的父母可能会一起度过一个浪漫的夜晚，并再次相爱。

亚当和丹妮尔从没有听说过离婚的人会复合。但丹妮尔说，有时当她对生活中的一些事情感到焦虑时，想到这些会让自己感觉好点。亚当说父母复合这件事可能永远也不会发生，但他多希望它会。

你需要做的

在左边图片中写下你母亲的名字，在右边图片中写下你父亲的名字。在中间的方框中，画出或写下你曾做过的任何关于父母重归于好的梦。

我的梦想

在下面的量表中，用数字表示你有多希望这个梦想成真。

根本不　1　2　3　4　5　6　7　8　9　10　比任何事都重要

在下面的量表中，用数字表示你认为这个梦想实现的可能性有多大。

不会发生　1　2　3　4　5　6　7　8　9　10　肯定会发生

你还可以做得更多

- 为什么你认为所有的孩子都希望离异的父母复合?

- 你知道有哪对夫妻离婚之后又复合了吗?

- 为什么当丹妮尔感到焦虑时,会喜欢想象父母复合的事情?

- 想象父母重新在一起,你会是什么感受?

- 如果梦见父母和好会让你产生积极的感觉,你还能做些什么来产生同样的积极感觉呢?

活动 15 | 责怪父母中的一方

你需要知道的　当父母离婚时，青少年经常发现自己会想责怪父母中的一方。给父母中的一方贴上"坏人"的标签，给另一方贴上"好人"的标签，这样可能会使自己感觉轻松一点。但在现实中，没有一个父母完全是坏人或完全是好人。

尼克花了几个小时思考父母离婚这件事，反复纠结是谁该受到责备。大多数时候，他都责怪爸爸，因为他的爸爸一直不在家。尽管他有很高的收入，但他从来没有给尼克的妈妈任何关注。尼克并不责怪妈妈对此的烦闷情绪。但是，有时候，尼克会责怪妈妈，认为她是一个很难相处的人。她脾气暴躁，对事情非常挑剔。尼克想知道这是不是爸爸工作如此繁忙的原因。

莱娜把父母离婚的问题完全归咎于妈妈。她和她妈妈相处得很不好，但莱娜和爸爸相处得很好。当莱娜周末和爸爸在一起的时候，他们会做很多有趣的事情，比如去购物中心、去看电影或者出去吃饭。当她和妈妈在一起时，妈妈所做的就是唠叨她的家庭作业、家务或她的态度。

莱娜的爸爸会给她买任何她想要的东西,而妈妈从来没有多余的钱给她。

尼克和莱娜都对父母离婚感到愤怒。把愤怒压抑在心里就会感觉不舒服。把这种情况归咎于某人能够让愤怒得到释放,因为所有的愤怒都可以指向那个人。

在家庭破裂时,对父母双方感到愤怒也会让人感到不舒服。生父母双方的气可能比只生一方的气更可怕。将离婚归咎于一个人而不是父母双方,这让尼克和莱娜在情感上至少对父母中的一方保持依恋。

当你认为一个人既有积极的特质,也有消极的特质时,也会让人感到不舒服或困惑。有时候把一个人想象成完全消极或者完全积极会让人更舒服。把离婚的责任归咎于父母中的一方比认为双方都有责任更容易让人接受。

你需要做的

在下面的第一个框中，写下你母亲的名字，然后列出你能想到的她的所有优点。接下来，列出你能想到的她的所有缺点。在第二个方框中，写下你父亲的名字，并以同样的方式列出他的优点和缺点。

母亲		父亲	
优点	缺点	优点	缺点
_____	_____	_____	_____
_____	_____	_____	_____
_____	_____	_____	_____
_____	_____	_____	_____
_____	_____	_____	_____

父母的哪些缺点可能导致他们离婚？请圈出来。

你认为导致父母离婚的原因还有哪些？

母亲	父亲
_____	_____
_____	_____
_____	_____
_____	_____
_____	_____

你还可以做得更多

- 你会因为父母离婚而更多地责怪其中一方吗？解释一下原因。

- 描述一下以这种方式去看待父母离婚时的感受。

- 描述一下当你想到父母双方都与离婚有关，而不仅仅是一个人的问题时的感受。

- 回想你最近一次和别人发生争执的情景，你们是如何产生分歧的？

- 假如你是你的母亲。请闭上眼睛，试着去体会她的感受。从她的角度而不是你的角度，说说她为什么想离婚。

- 假如你是你的父亲。请闭上眼睛，试着去体会他的感受。从他的角度而不是你的角度，说说他为什么想离婚。

- 如果很难从你父母的角度来思考，或者你真的无法想象，那么请你的父母分别从他们的角度告诉你他们的想法，并在这里写下他们的答案。

活动 16　归咎于离婚

你需要知道的	当父母离婚时，青少年有时会把这件事当作自己所有的不快乐的导火线。他们将自己不喜欢的事情或生活中的其他问题都归咎于父母离婚。这样可能一开始会使他们感觉很好，但最终只会让事情变得更糟。

自从亚历克斯的父母离婚后，他的生活似乎越来越糟糕。起初，他的成绩开始下降。接着，他在教室后面抽烟被发现了。他还对最好的朋友撒谎，现在他的朋友都不和他说话了。

亚历克斯的父母很担心，带着他去见心理咨询师。在咨询过程中，亚历克斯变得非常沮丧，并告诉父母这都是他们的错。他说，如果他们没有离婚，这一切都不会发生。

咨询师告诉亚历克斯，他对离婚感到不安是很正常的，并且，他的悲伤或愤怒可能会影响到他的人生。她还说，他必须学会如何处理自己的情绪，并为自己的行为负责。是他自己，而不是他的父母，选择了停止学习、开始吸烟，并对最好的朋友撒谎。

亚历克斯不喜欢咨询师说的话。他告诉咨询师，当内心感觉很糟糕时，他很难做出正确的决定，也没有精力让自己的生活保持在正轨上。对他来说，自我放弃并责怪父母离婚毁了自己的生活会更容易。

亚历克斯和父母继续做了几个星期的咨询。在那段时间里，咨询师帮助亚历克斯找到了健康的方式来表达自己的感受，也帮助他认识到了如何在情绪糟糕的时候照顾自己。因此，他有更多的精力对自己的行为做出更好的选择。亚历克斯对父母的离婚感到很难过，但他意识到不能把自己的选择归咎于离婚，把离婚作为替罪羊只会让事情变得更糟。

你需要做的

下图中的青少年都把不开心的事情归咎于父母离婚。描述下面每幅图中正在发生的事情,并解释一下是什么导致了这种情况的发生。

- 有没有人因为不想为自己的行为负责而责备过你?描述一下发生了什么。

- 为什么这个人选择责怪你而不是自己承担责任?

- 为生活中你不满意的事情承担责任是什么感觉?

- 为什么承担责任会比责备他人更困难?

- 列出所有你曾归咎于父母离婚的事情。

_____   _____
_____   _____
_____   _____

你觉得上述哪些事情真正是离婚的影响带来的？将其圈出来。

上述哪些事情实际是自己的责任？在旁边标注"R"。

● 如果你继续把生活中的负面情况归咎于离婚，最终会发生什么？

_____
_____
_____
_____
_____
_____
_____
_____

如果你觉得你没有能力为自己的行为负责，那就和咨询师或其他你信任的成年人谈谈你的感受吧。

活动 17　你对婚姻的感受

> **你需要知道的**　当父母离婚时,青少年可能会开始质疑自己对婚姻和人际关系的感觉或信念。他们可能会怀疑自己对未来的想法或计划,并可能会重新考虑以前认为不可动摇的真理和价值观。

　　珍纳和布兰登已经约会三个月了。她对他们的关系很满意,也很享受一起度过的时光。他们喜欢相同的活动,有许多共同的朋友,对生活的追求也很相似。珍纳知道,现在考虑结婚还太年轻,不过她还可以与布兰登约会很长一段时间。

　　父母离婚后,珍纳发现自己对布兰登的看法变了。他们的关系让她有点害怕。她对把自己束缚在一个男孩身上这件事很担忧。她问布兰登,他是否认为他们应该去和其他人约会而不是稳定下来。珍纳以前总想象自己有一天会结婚生子——在大学毕业并有了自己的事业之后,但现在她不确定了。万一她结婚生子后却没有好的结果怎么办呢?她从未想过要经历父母离婚时的痛苦。突然间一切都变得那么无常。她发现自己正在远离布兰登,甚至也远离了她最好的朋友。

她去探望奶奶时，奶奶问布兰登最近怎么样。珍纳看起来有点悲伤，耸耸肩，把自己最近产生的所有疑惑都告诉了奶奶。奶奶告诉她，在看到父母的婚姻结束后有这种感觉是正常的。但她也表示，珍纳是一个独立于父母的人，能够做出自己的选择。奶奶提醒她去想一想自己认识的那些已经结婚很长时间却没有离婚的人，比如她爷爷奶奶，祖母和祖父已经结婚40年了也没有打算分开。她告诉珍纳，稳定的伴侣关系有很多好处，但慎重考虑自己的选择也是明智的。

你需要做的

下面列出了五种关系。在第二栏中,评价你在未来某个时候对每段关系的渴望,使用从 1 到 10 的计分方式,1 = 完全没有,10 = 非常重要。在第三栏中,评价你对维持这段关系的信心,1 = 没有信心,10 = 非常有信心。在第四栏中,解释你的选择原因。

关系	有这种关系	保持这种关系	为什么我选择了这个评级
约会			
稳定的恋爱关系			
与伴侣一起生活			
订婚			
结婚			

你还可以做得更多

- 你对这些关系的渴望受到你父母离婚的影响了吗?请解释原因。

- 你对自己维持这些关系的能力和信心受到父母离婚的影响了吗?请解释原因。

- 你的其他观念或价值观有没有受到父母离婚的影响?

● 父母离婚对你目前的亲密关系有什么影响?

_____
_____
_____
_____

● 你认为维持一段亲密关系所必需的技能有哪些?

_____
_____
_____
_____
_____
_____
_____
_____
_____
_____

在你认为自己已经具备的技能旁边写上"H"。

在你认为自己仍然需要发展的技能旁边写上"D"。

活动 18 你的性意识

> **你需要知道的**　青春期阶段，荷尔蒙会使你的身体以新的方式生长发育。这些荷尔蒙会改变你的外表和感受。性欲望和性吸引力在这个时候出现和增强是很正常的。这些变化可能会令人感到困惑、兴奋和恐惧。如果离婚的父母在这个时候开始和其他人约会，你对自己的性意识的认知就变得更有挑战性了。

当艾丽卡的父母离婚一年后，她的父亲开始和她谈论他公寓里的一个女人。他说自己被这个女人吸引了，他还和艾丽卡分享了很多情感和生理感受，就好像她是他的朋友，而不是女儿。艾丽卡对于父亲告诉她的这些事情感到很不舒服，但她不想打断父亲的发言，更不想惹他生气。

当德里克的母亲告诉他，她要和一个男同事约会时，德里克很不舒服。他不知道这次约会会涉及什么，也不喜欢母亲和除父亲以外的任何男人产生感情。无论是在情感上还是表现出的行为中，他发现自己对女朋友都越来越咄咄逼人。对此，他的女朋友感到很生气并让他走开。

当希安娜的父亲搬出他们的房子时，希安娜发现自己变得更加喜欢和班上的男生调情。她以前很少约会，但现在她开始打扮得与众不同，并且发现有许多男孩在关注她。似乎她越为见不到父亲而难过，就越喜欢和别人打情骂俏。但有时候，男生看她的眼神和说的一些话让她感到很不舒服。

詹姆斯的父亲在离婚后很快就开始与许多不同的女人约会。当詹姆斯周末来访时，父亲经常会留女朋友在家里过夜。詹姆斯发现自己有时候对父亲的女朋友有性幻想。这让他感到困惑、害怕和自责。他怀疑自己是不是出了什么问题。

瑞秋的父母离婚后不久，她和母亲就搬去和母亲的新男友住在一起。瑞秋对这种生活状况感到不舒服，她也开始对自己的男朋友感到不舒服。她讨厌自己正在发育的身体，所以为了保持纤细的身材，她开始节食，导致她看起来更像个男孩的样子。

这些故事中的青少年都对父母新的约会感到不舒服。他们都试图以这样或那样的方式来应对自己不舒服的感觉。他们有的能够理解自己的感受，有的并不理解。

你需要做的

回答关于上述几个青少年的问题。答案没有对错之分,只是你的看法。

● 为什么艾丽卡不喜欢她父亲谈论他喜欢的女人?

_____
_____
_____

● 艾丽卡能做些什么让父亲不再谈论这些?

_____
_____
_____

● 你认为德里克为什么会对母亲和一个男同事约会感到不舒服?

_____
_____
_____

● 你认为德里克为什么开始对他的女朋友表现得不同?

_____
_____

- 你认为希安娜为什么会改变她在男孩面前的行为方式?

- 当希安娜不喜欢男孩们对待她的方式时,她可以怎么做呢?

- 你认为詹姆斯看到父亲和很多不同的女人在一起是什么感觉?

- 你认为詹姆斯有什么问题吗?解释一下你的回答。

● 你认为瑞秋和母亲以及母亲的男朋友住在一起是什么感觉?

_____

_____

_____

● 为什么瑞秋会有想要阻止自己身体发育的想法?

_____

_____

_____

你还可以做得更多

用下面列表中的词语回答下列问题。如果其中没有合适的词语，请添加其他词语来描述你的感觉。

快乐	忧虑	烦恼	_____
内疚	有压力	尴尬	_____
兴奋	害怕	悲伤	_____
紧张	困惑	愤怒	_____
嫉妒	惊讶	焦虑	_____
骄傲	担心	高兴	_____

● 你对自己在青春期的身体发育有何看法？

_____
_____
_____

● 你对自己在青春期的性意识发展有何看法？

_____
_____
_____

● 你对母亲的约会有什么感觉?

● 你对父亲的约会有什么感觉?

● 父母和其他人的约会如何影响了你对性意识的感知?

解释你的行为与这些故事中的青少年有何相同或不同之处。

● 艾丽卡

● 德里克

● 希安娜_____

_____

● 詹姆斯_____

_____

● 瑞秋_____

_____

  对自己发展中的性意识和父母与他人的亲密关系有很多不同的感受是正常的。如果这些想法和感觉困扰着你，去和你信任的咨询师或其他成年人谈谈，这会帮助到你。

活动 19　搬家

你需要知道的　当父母离婚时，生活上也会发生一些变化。有时候青少年可以住在他们原来的家里，但有时候他们不得不搬到新家。搬家的想法可能会让人感到不安，但是你可以采用一些健康的应对方式来面对这种变化。

奈杰尔感到很紧张。他和母亲及姐姐将要离开他长大的房子，搬到城里的另一个地方。这意味着他将离开自己熟悉的一切——他的邻居、他的学校和他的朋友。奈杰尔不想搬家，但无论他和母亲怎么争论，她都不会改变主意。父母离婚时，他们一致同意卖掉房子。母亲买不起同一街区的另一栋房子，所以他们不得不搬到市里比较老的街区，那里的房子比较便宜。

奈杰尔的篮球教练注意到他这几周似乎心不在焉，坐立不安。在一天晚上训练结束后，他把奈杰尔叫到体育馆的办公室，询问他发生了什么事。奈杰尔告诉了他正在发生的事情以及自己的感受。教练布伦纳听后表示理解，他明白搬家是什么感觉，因为当他还是个孩子的时候，他的父亲曾在部队服役，家里几乎每年都会搬到一所新房子，有时甚至搬到一个新的州。

奈杰尔很惊讶，问教练是如何处理这些变化的。布伦纳告诉奈杰尔，一开始很难，但最终他学会了一个帮助自己渡过难关的方法。他说，如果奈杰尔像面对篮球比赛的挑战一样来面对搬家带来的挑战，事情可能会变得更容易。布伦纳从他的粉笔板上抹去了队员们的字迹，并在原处写下了这些：

应对搬家的策略

1. 树立信心。想想过去你赢过或表现出色的比赛。列出你以前面对的所有挑战——从最远的事情，比如学会走路，到最近的，比如加入篮球队。尽可能地列出清单，越长越好，当你对迎接搬家的挑战感到紧张时，提醒自己回想以前成功应对过的所有其他挑战。

2. 关注团队。想想所有关心你并能帮助你应对这个挑战的人。当你有需要的时候，去寻求他们的帮助，就像你在比赛中向你的队友寻求合作一样。请记住，你并不孤单。

3. 保持体形。就像正确的饮食、充足的睡眠和持续的锻炼可以帮助你在篮球比赛中保持最佳状态一样，这些行为也可以帮助你在搬家中保持情绪的稳定和平衡。身体健康时，你会更容易管理压力、清晰思考、保持冷静。

4. 了解细节。比赛中当你对对方球队的球员有所了解时，面对他们时你就更有底气了。了解你将要搬去的新地方可以为你在那里生活做好准备。比如开车经过你的新房子；参观你的新学校；和学校篮球队的教练谈谈，并看看你是否想试试。你对新地点了解得越多，就越会感到熟悉和不害怕。

5. 做你自己。如果你很擅长传球，但是不善于运球，那么当你坚持传球时，你会取得更大的成功。当你去一所新的学校，遇到新的同学，请做真实的自己，而不是试图成为另一个人。激发你与生俱来的个性，你就会成为团体中受欢迎的成员。

你需要做的

下面是奈杰尔和教练布伦纳为他的个人搬家策略所做的记录。在下一页,请写下你的计划来为搬家做好准备。

我过去遇到的挑战:学会走路,学会说话,第一次去学校,学会读写,学习游泳,学习骑自行车,学习打篮球,参加篮球队,提高我的英语成绩,通过代数考试,邀请阿莉莎参加舞会,担任夏令营辅导员,粉刷家里的车库。

我可以求助的人:父亲、母亲、教练布伦纳、马克叔叔、隔壁的西蒙斯先生、祖父母、我最好的朋友贾里德。

我如何保持身材:在午夜前上床睡觉,记得吃早餐,放学后锻炼。

我如何了解新的社区:浏览新学校的网站,查看他们的球队记录和相关数据;开车在新的社区转转,寻找最近的室外篮球场。

我性格上的优点:是一个好的朋友,善于讲笑话,诚实,有礼貌,有团队精神,有时很勇敢。

我过去遇到的挑战：_____
_____
_____
_____

我可以求助的人：_____
_____
_____
_____

我如何保持身材：_____
_____
_____
_____

我如何了解新的社区：_____
_____
_____
_____

我性格上的优点：_____
_____
_____
_____

你还可以做得更多

搬家为什么会让你感觉困难或不舒服？请圈出来。

不得不结交新朋友 　　　　　　　离开熟悉的环境

不得不进入新学校 　　　　　　　离开邻居

不知道未来会发生什么 　　　　　不知道新同学是否喜欢你

离开你喜欢的家 　　　　　　　　搬走你所有的东西

不知道自己是否会取得好成绩 　　想念你的老朋友

- 列出其他让你很难接受搬家的原因。

_____

_____

_____

- 你认为教练布伦纳教给奈杰尔的哪一种搬家应对策略能帮助到你？

_____

_____

● 描述一下你现在住的房子，你在那里住了多久？

● 在这所房子你留下了哪些美好的回忆？

● 你最怀念这栋房子、社区或城镇的是什么？

● 父母离婚后你将搬入的新家是什么样子的？

● 你希望在新家度过的美好时光是什么样的？

● 假设现在是一年后，你已经在新家住了很长时间了。想象一下，你在适应这个新地方后可能会说的一些积极的话。

活动 20　住在两个家里

你需要知道的　离婚带来的最常见的生活变化是，曾经住在一起的父母现在分开居住了。根据监护权的安排，青少年可能会与父母双方分别生活一段时间。一开始，这可能会让人感到混乱和困惑，但是随着时间的推移，新的生活习惯会逐渐形成，你也会适应这种改变。

　　凯西觉得她要疯了。这个周末她在父亲家，而下一个周末在母亲家。每周三足球训练结束后，她会在父亲家吃晚饭并休息，第二天早上，父亲会开车送她去母亲社区的学校巴士站。有时候，凯西会忘记她应该在什么时候睡在谁家。有时候她会把作业落在父亲那里，除非她专程去拿，否则接下来一个星期都拿不到。有时候，当她想要穿自己的紫色毛衣时，她会发现这件毛衣落在了父亲家的衣柜里，或者是扔在了母亲家的洗衣机里。

　　星期六，当凯西上小提琴课时，她意识到自己把需要用的乐谱落在母亲家里了。她感到难过和愤怒。小提琴老师琳达问她发生了什么。凯西告诉她，自从父母离婚后，她从里到外都觉得受到了干扰。一切事物都不是它应该有的样子，也不在它应该待的地方，包括她的父母。她讨厌住在两栋房子里，这让她感到困惑并且非常情绪化。她希望她的家庭没有分开，希望一切又恢复平静，希望只有一张床可以睡，而不是两张。

琳达告诉凯西，有这种感觉是正常的。生活发生了重大变化，她还没有习惯。住在两栋房子里不仅令人感到困惑，而且也是一种情感创伤的唤醒——那就是父母已经离婚的事实。

她问凯西是否记得4年前第一次上小提琴课时的情境。那时她也对一切感到困惑。她必须记住哪根弦是哪一个音符，以及在什么时候用什么方式放置手指。她经常忘记如何拿弓，有时甚至忘记带弓去上课。她第一次不得不背记一首曲子时，她认为自己永远也背不好。琳达提醒凯西，帮助她克服一切困难的是有条理的练习。当时凯西开始写下自己必须记住的东西。她开始把她的弓、小提琴和乐谱始终放在一个地方，这样就不会忘记其中一个，并开始定期练习。

琳达和凯西坐在一起，她们列了一个清单，写下了她需要放在父亲家里的所有东西——比如牙刷、她最喜欢的洗发水和做作业用的备用笔记本纸。凯西决定让父亲买这些东西，并保持家里能持续供应。然后她们列出了凯西拜访父亲时需要带的所有东西，包括当前的家庭作业和周末穿的衣服。然后琳达帮助凯西检查她的作业笔记本，并写下接下来几个月里凯西要去拜访父亲的每一个日期。这样，当她查看需要提交什么作业时，也能看到届时她会住在谁的房子里。

凯西说这样做对她很有帮助，但这并没有改变她从父母分居中感受到的不安状态。琳达说，这是离婚给孩子带来的影响更深的部分，所以需要更长的时间来适应。即使是这样，随着练习的推进和时间的推移，一切都会变得更好。

你需要做的

下面的列表描述了许多青少年不喜欢居住在两所房子里的各种原因。请从 1 到 5 给每一项打分,表明它在你的生活中带来了多大的困扰。(1 = 非常少,5 = 非常多)

						我将花多长 时间适应
在特定的日子里不得不离开朋友	1	2	3	4	5	_____
看着父母送你回家时争吵	1	2	3	4	5	_____
不得不记住每个家庭的不同规则	1	2	3	4	5	_____
一次只能和父母中的一方在一起	1	2	3	4	5	_____
不得不一直收拾你的东西	1	2	3	4	5	_____
感觉你永远不能放松下来待在某一个地方	1	2	3	4	5	_____
必须记住从一所房子到另一所房子要带什么东西	1	2	3	4	5	_____
必须记住两个电话号码和居住地址	1	2	3	4	5	_____
住在一所房子里很舒服,但住在另一所房子里感觉不舒服	1	2	3	4	5	_____
自己的社交生活被打断	1	2	3	4	5	_____
在其中一所房子那边没有朋友	1	2	3	4	5	_____

● 除此之外，还有哪些困难是你觉得住在两所房子里带来的呢？

_____
_____
_____

● 选出 3 个你给出最高分的项目，详细说一说这些困扰，解释你对它们的感受以及为什么它们对你有如此大的影响。

_____
_____
_____
_____
_____
_____
_____
_____
_____
_____
_____

在你评分的每一项旁写下你认为适应这种情况所需要的时长。

你还可以做得更多

- 凯西通过让自己变得更有条理解决了部分问题。你能做些什么以便让自己变得更有条理，从而使住在两所房子里的生活更轻松一些呢？请写一写。

_____
_____
_____

- 圈出下面你经历过的、起初不喜欢但最终适应了的情况。

  弟弟妹妹的出生　　　找兼职　　　　　　做作业
  上学　　　　　　　　你爱的人去世　　　某节特定的课程
  做家务　　　　　　　合住一个房间　　　失去一个朋友

- 列出生活中其他你起初不喜欢但最终适应了的情况。

_____
_____

在每一项旁边，写下你用来适应所花的大概时间。

- 你认为你会习惯父母分开住吗？为什么？

_____
_____

活动 21 探视

你需要知道的

当父母离婚时，他们必须决定如何安排孩子的监护权。监护权和探视权的协议规定了父母双方需要和孩子生活以及照顾孩子的具体时间和日期。起初，必须在特定的日子里去看望父母一方而不是一直和他们生活在一起，这可能会让人感到不愉快和不习惯。然而，随着时间的推移，你慢慢会习惯这种情况，甚至会从中发现一些好处。

当 T.J. 的父母离婚后，他的父亲搬到了其他州居住，所以 T.J. 只能在学校长假和暑假去看望他。

克莱尔的父母住在同一个镇上，尽管离婚了，他们也相处得很好。克莱尔的母亲允许她随时去看望她的父亲。

埃文的父母离婚时，他选择和父亲住在一起。每隔一周的周末和每周三晚上，他都和母亲待在一起。

霍莉的父母住在相距约一小时路程的两个地方。霍莉本应该每个周末都去看父亲，但是母亲经常生父亲的气，并且不让她去看他。

保罗的父母对他有共同监护权。保罗每周的一半时间和母亲住在一起，另一半时间则和父亲住在一起。

制订探视时间表的方法有很多种。有时青少年可以参与决定探视的安排，有时则不能。有时候父母会严格遵守时间表，有时候会完全忽视。大多数时候，青少年必须听从父母的决定。

你需要做的

在这个年历中,创建你理想的探访时间表。用一支彩色的笔在你想和母亲住在一起的日子里写一个"M",在你想和父亲住在一起的日子里写一个"F"。这并不一定要真的实现,只是思考一下,如果父母能按照你的意愿进行探视,你会怎么安排。

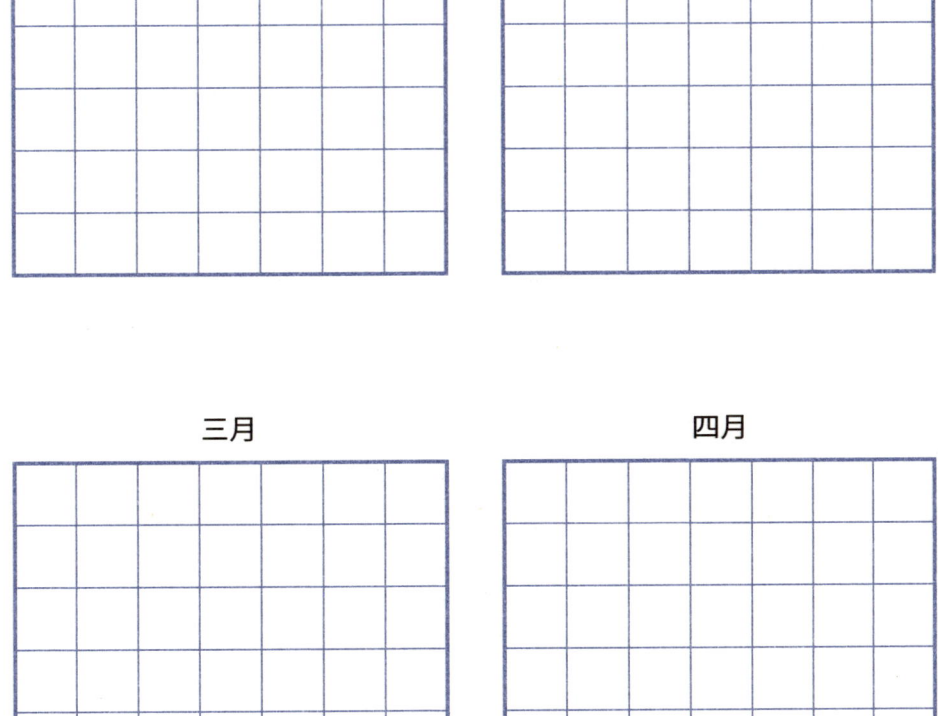

一月

二月

三月

四月

五月

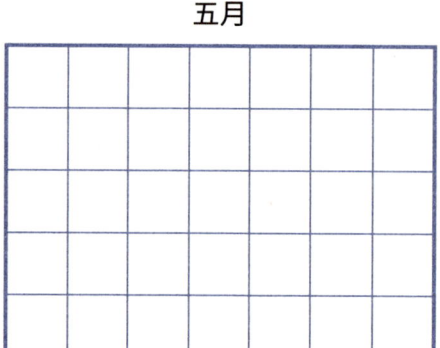

六月

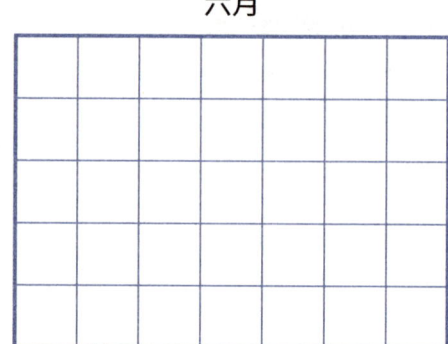

七月

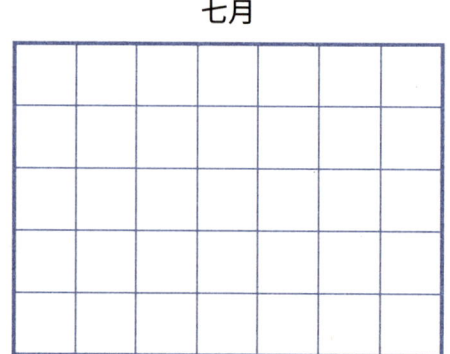

八月

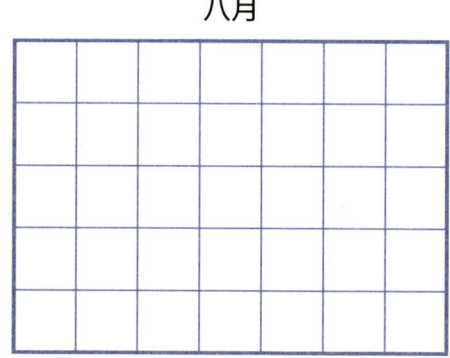

九月

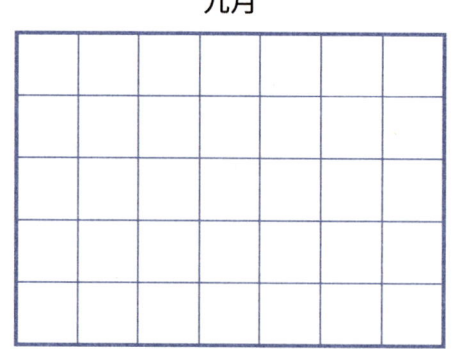

十月

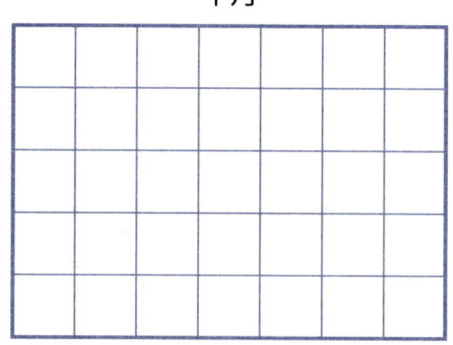

					十一月	

					十二月	

然后用另一种颜色的笔写下你实际的探视时间表。

● 你的理想日历和现实日历之间有哪些差异?

_____

_____

_____

● 你觉得自己能否接受这种差异?为什么?

_____

_____

_____

● 如果你必须接受这种差异,你会有什么感受?

_____

_____

_____

你还可以做得更多

回顾一下前面提到的几位青少年的探视时间表。描述每个时间表中你喜欢的或不喜欢的地方。

- T. J. _____
  _____

- 克莱尔 _____
  _____

- 埃文 _____
  _____

- 霍莉 _____
  _____

- 保罗 _____
  _____

- 探视中对你来说最困难的部分是 _____
  _____

有时候青少年也会发现探视的积极方面。例如：

- T. J. 喜欢和父亲待在一起很长时间，因为他们可以一起去野营。

- 克莱尔很高兴看到父母现在相处得更好了，因为他们不必住在同一栋房子里。

- 埃文喜欢和父亲住在一起，因为虽然他爱母亲，但作为室友而言，父亲更容易相处。

- 霍莉喜欢看望父亲的时间，因为这时她能够远离母亲，这样可以忘记她有时与母亲之间的问题。

- 保罗很开心他在父母家附近都交了朋友，所以他现在的朋友比他只住在一个地方时多了一倍。

● 你认为探视安排可能带来的积极影响有哪些？

活动 22 | 财务情况

> **你需要知道的**
>
> 当父母离婚时,他们的经济状况发生变化是很常见的。当他们分开居住时,他们必须支付两个独立家庭的费用。有时候青少年会担心父母是否有足够的钱来继续像以前那样照顾他们。

当米格尔的父母告诉他他们要离婚时,他们解释说,父亲将搬进一套公寓,他和母亲以及姐姐将继续住在现在的房子里。然而,为了支付房子的费用,母亲不得不回去工作,并且他们必须削减一些开支。

得知这一财务变化后,米格尔非常担心。他想知道母亲是否能赚到足够的钱来支付房子的所有费用,如果不能的话会发生什么。他想知道自己是否还能上架子鼓课,他和妹妹是否还能拥有自己的手机。他记得父母曾经抱怨过有线电视账单和高速互联网服务的费用。他想知道由于经济状况的改变,他的生活会发生什么变化。此外,他想知道是否从现在开始要将自己修剪草坪挣来的钱拿给母亲贴补家用。

母亲注意到米格尔似乎经常感到紧张。她问他怎么了,米格尔告诉母亲他所担心的事情。母亲坐下来和他详细地谈了家里的财务情况。她用计算器计算了收入和账单，并告诉他，新工作的薪酬可以支付家里的费用。但她也向米格尔表明以后不会有太多额外的钱。她说她和米格尔以及妹妹将一起决定削减哪些开支，考虑清楚对他们来说什么是最重要的，什么是最容易舍弃的。

母亲也提醒米格尔，即使他们不得不放弃一些物质上的东西，但生命中重要的东西也还在：父母非常爱他；他身体健康、强壮；他是一个有天赋的鼓手，也是一个好学生；他有关心他、喜欢和他在一起的朋友。这些东西是金钱买不到的。

当米格尔更具体地了解了财务情况后，他感觉好多了。当得知母亲的薪酬能负担得起自己所住房子的费用时，他松了一口气，也很高兴他在必须放弃的东西上有了一些选择权。他意识到，如果每周多修剪两块草坪，就能支付自己的手机账单。他也知道母亲对物质的看法是对的：这些东西固然很好，但还有其他更重要的、与收入多少无关的东西。

你需要做的

在每个人民币符号旁边,写下如果你父母因离婚而减少在你身上的花费,你可能不得不放弃的东西。从 1 到 5 给这些项目编号,1 代表最难放弃,5 代表最容易放弃。在每一个物品旁边写下你的理由。

¥ _____ _____
¥ _____ _____
¥ _____ _____
¥ _____ _____
¥ _____ _____

在每个心形旁边,写下因与金钱无关所以你不必放弃的东西。从 1 到 5 给这些项目编号,1 代表最难放弃,5 代表最容易放弃。在每一项旁边,写下你的理由。

♥ _____ _____
♥ _____ _____
♥ _____ _____
♥ _____ _____
♥ _____ _____

你还可以做得更多

- 你会不会像米格尔那样和父母谈论财务问题?为什么?

- 如果父母的经济状况因为离婚而受到影响,你会担心什么?

- 因为父母离婚,你可能不得不放弃一些物质上的东西,这公平吗?为什么?

- 如果你不得不放弃"¥"事项中的前两项,你会怎么处理?

- 如果你不得不放弃"♥"清单上的前两项,你会怎样?

活动 23 态度的力量

> **你需要知道的**　所有的感觉都来源于思想。因为没有人能告诉你应该怎么想。如果你可以控制自己的想法，那就意味着你也可以控制自己的感受。选择积极的想法和态度可以帮助你更好地应对父母的离婚。

贾斯汀和詹妮弗是一对双胞胎，他们的父母正在闹离婚。虽然他们长得很像，但想法却完全不同。正因如此，他们对父母离婚的感受也大相径庭。

贾斯汀对父母的离婚感到非常不安。他很难过，也对父母很生气。他告诉自己，父母毁了他的生活。他告诉自己，因为他的家已经破碎，将来也许还会有更多的问题。他还告诉自己，如果只能周末去看望母亲的话自己会很不开心。他的社交生活会被打乱，今年他可能无法参加棒球队了。贾斯汀开始早上起不来，也很难在课堂上集中注意力。他不像以前那样经常和朋友出去，成绩也开始下降，朋友也不再打电话给他了。

詹妮弗对父母离婚也感到很难过。她像贾斯汀一样感到难过，对父母也很生气。然而，詹妮弗在心中对自己说的话与贾斯汀不同。詹妮弗告诉自己，她的生活发生了很大的变化，但仍然有很多事情值得高兴。她告诉自己，她可以从父母的错误中吸取教训，在人生中关于婚姻她能做出不同的选择。她告诉自己，如果父母分开住，就不用一直听到他们吵架。詹妮弗和朋友谈论她的悲伤，她也继续和朋友们出去玩。当她发现很难集中精力做作业时，她会在日记中写下自己的感受，然后就会再次有更多的精力去写作业。

贾斯汀和詹妮弗都经历了一段艰难的时期，但因为对父母离婚的态度和想法不同，他们的感受也有所不同。

你需要做的

这些青少年都面临着他们不喜欢的情况。他们对这种情况的体验将取决于他们选择如何看待它们。在每张图片下面，写下一个会让青少年感觉更好的想法和一个会让青少年感觉更糟的想法。

积极想法

_____

_____

_____

_____

积极想法

_____

_____

_____

_____

消极想法

_____

_____

_____

_____

消极想法

_____

_____

_____

_____

积极想法

_____
_____
_____
_____

消极想法

_____
_____
_____
_____

积极想法

_____
_____
_____
_____

消极想法

_____
_____
_____
_____

你还可以做得更多

● 列举过去一年中发生的 3 件令你沮丧的事情。然后写下一些你本可以选择的、让你感到积极的而不是消极的想法。

1. _____ _____
   _____
2. _____ _____
   _____
3. _____ _____
   _____

● 列举过去一年中发生的 3 件让你非常开心的事情。然后写下一些你本可以选择的、会让自己感到消极的而不是积极的想法。

1. _____ _____
   _____
2. _____ _____
   _____
3. _____ _____
   _____

● 你的态度是非常强大的工具，并且只有你能控制。列出父母离婚使你感到不安的 3 种消极想法。

1. _____
2. _____
3. _____

● 现在，请尝试转换为积极的态度，列出你对于父母离婚的 3 种积极看法。

1. _____
2. _____
3. _____

● 选择积极的想法并不意味着忽视令人沮丧的感觉。但是选择积极的想法可以带你从烦恼的感觉中走出来。列出你因为父母离婚所感受到的所有不好的情绪。

_____
_____
_____
_____

● 想法的改变是如何帮助你克服这些不好的感觉的？

_____
_____
_____
_____

活动 24 | 不会改变的事情

> **你需要知道的**　专注于父母离婚后会带来的变化，会给你带来不安和混乱的感觉。而当你专注于那些不会改变的事情时，你就会产生更平和与稳定的感觉。

"我的整个人生都改变了！"尤兰达向她的咨询师抱怨，"我不知道我要做什么。一切都不一样了，我已经不知道自己是谁了。我的家庭破裂了，我的心很痛，我很生气，我感觉生活发生了地震。"

尤兰达的咨询师说，她理解尤兰达的感受。当父母离婚时，不仅仅是家庭，整个世界似乎都在分崩离析。对任何人来说，想到这一点都会感到恐惧和不安。接着咨询师问尤兰达，当父母离婚时，生活中是否有一些事情不会发生改变。

起初尤兰达否认了，但后来她想了想说："好吧，我可以继续养我的狗。""当你想到要养你的狗时，你是什么感觉？"咨询师问。尤兰达第一次笑了。"那感觉平静多了。"她说。

咨询师指出，当尤兰达把思想集中于将要改变的事情上时，她会感到不安。但当她专注于不会改变的事情时，会感到平静。她让尤兰达回家后尽可能多地写下她所能想到的父母离婚后不会改变的事情。尤兰达本认为这不会花很长时间，但一旦她真的开始写，她意识到其实有许多事情都不会改变。

她给咨询师展示了她的清单。他们讲要努力关注那些不会改变的事情，以此来帮助尤兰达感到更加平静。每当她开始对可能会改变的事情感到不安时，她就会把注意力转移到不会改变的事情上。尤兰达意识到，她已经学会了一种让自己感觉更稳定的方法。

尤兰达列出的不会改变的事情包括以下几项：

1. 我的名字

2. 我的生日

3. 我最好的朋友

4. 我的狗

5. 我的钢琴课

6. 我的足球队

7. 我最喜欢的老师

8. 我最喜欢的颜色

9. 和奶奶一起共度的比萨之夜

10. 夏天去游泳

11. 我妹妹

12. 我父母对我的爱

13. 我的卷发

14. 我的绿眼睛

15. 我的堂兄弟

16. 英语课上我喜欢的同学

你需要做的

在下方宁静的云彩图片中,写出当你的父母离婚时,你的生活中不会改变的事情。

你还可以做得更多

看看云彩的图片以及你所确定的不会改变的一切。当你想到这些保持不变的事情时，用下面的量表来评价你的平和程度。

迷茫的 　　　　　　　　　　　　　　　　　　平静的

1　　2　　3　　4　　5　　6　　7　　8　　9　　10

想一些因为父母离婚而将会改变或者已经改变的事情，并且在下一个量表中，评价当你思考这些事情时的平静程度。

迷茫的 　　　　　　　　　　　　　　　　　　平静的

1　　2　　3　　4　　5　　6　　7　　8　　9　　10

● 比较这两个量表，看着它们的时候你眼前浮现的是什么？

_____
_____
_____
_____

● 如果你继续关注那些将会改变的事情，你会有什么感觉？

_____

● 如果你继续关注那些不会改变的事情，你会有什么感觉？

● 为什么你很难只关注那些不会改变的事情？

● 为什么每个人都可以选择自己的想法？

活动	
25	# 体育锻炼

> **你需要知道的**　当我们感受到压力时，体育锻炼有助于缓解我们体内积聚的紧张情绪。参加某种形式的体育锻炼可以帮助你更好地应对因父母离婚而产生的压力。

当人体经历压力时，大脑会向腺体发出信号，释放某些激素，让我们做好逃离压力源或对抗压力源的准备。这些激素会导致我们的肌肉紧张，瞳孔放大，心跳加快。从生理上来说，我们已经做好了保护自己免受危险的准备。

父母离婚带来的压力会导致这些激素释放，如果我们不排出这种能量，它就会留在我们的身体里，导致慢性疼痛或紧张。体育锻炼是消除压力的好方法之一。运动不仅会消耗压力激素，还会释放让我们感到放松和快乐的内啡肽。

当你参加某种体育锻炼时，无论是团队运动，还是和朋友一起健身，你都是在用你的身体来帮助自己应对情绪和身体上的压力。参加喜欢的体育活动可以让你忘记紧张的事情，减少体内的压力激素，并帮助大脑释放内啡肽，让你再次感觉良好。

你需要做的

下面的列表描述了一些体育锻炼活动。在你目前喜欢的活动旁边画一颗星。圈出你想尝试的任何活动。在任何你不喜欢或不想尝试的活动上画一条线。

棒球	篮球	滑雪	游泳
徒步旅行	网球	自行车	单板滑雪
足球	空手道	跑步	保龄球
体操	摔跤	射箭	高尔夫
彩弹射击	羽毛球	柔道	滑水运动
排球	激光射击	跳舞	竞走
滑轮胎	曲棍球	英式足球	地掷球
跳水	冲浪	跆拳道	举重
美式壁球	绳索速降	有氧舞蹈	帆板运动

- 写下你喜欢的其他体育活动。

_____

_____

你还可以做得更多

- 锻炼既可以作为预防措施，也可以作为干预措施。预防意味着无论你是否感到压力大，都要定期锻炼。预防性锻炼可以降低你的基线压力水平。然后，当压力发生时，你的压力水平就不会那么高。列出任何你可以做的预防活动。

___

___

___

___

___

- 写下你可以在何时何地做这些事情。

___

___

___

___

___

- 当你在感到高度紧张的时候进行锻炼，你就是在利用锻炼进行干预。当你注意到自己的压力水平很高时，列出你可以做的干预活动。

___

● 描述一下过去你因父母离婚而变得非常紧张的时候。

● 在这些时候，你可以做以上哪些活动来帮助自己降低压力水平？

人们经常对锻炼抱有良好的意愿，但往往他们把目标定得太高以至于很难实现。一定要设定非常现实的锻炼目标，这样它们才能真正帮助你。

活动 26 平静的运动

你需要知道的

平静的运动,如放松的伸展运动、瑜伽或太极拳,可以帮助你释放身体的紧张和压力。练习这些活动可以帮助你应对和减轻父母离婚给你带来的不安情绪。

放松拉伸是一种轻柔、持续的拉伸肌肉的运动。当你伸展肌肉时,不仅有助于驱散体内积累的、带来压力的化学物质,还可以增加血流量,改善血液循环。这些变化可以帮助你在身体和情感上感到更加平静。当早上第一次睁开眼时,练习放松拉伸可以给肌肉群带来血液,让你感到精力充沛。睡觉前做伸展运动不仅可以释放压力,而且有助于睡眠。在高度紧张或情绪激动的时候做伸展运动可以帮助你以健康的方式释放不舒服的压力和情绪。

瑜伽是一种试图将身体、心灵和精神统一起来的,帮助练习者在生活中保持平衡和健康的一系列动作和姿势。瑜伽通过将专注、平静的运动与专注和呼吸相结合来帮助释放压力。瑜伽的目标是培养内心的平静。大多数人需要通过课堂或视频接受一些入门的正式指导才能开始练习瑜伽，但基本的动作和姿势每个人都可以做。瑜伽强调非竞争性。练习瑜伽可以帮助你应对父母离婚时可能经历的生理性和情感压力。

  太极是一种旨在推动气息或全身能量流动的平静运动。太极的好处包括收获一颗平静的安宁的心，帮你放松和缓解紧张，并逆转压力对你身心的影响。太极拳的动作轻柔优雅，动作之间的过渡平稳。像瑜伽一样，学习太极最初需要一些课堂或视频的指导，但一旦学会了，你就可以自己练习这些动作。你可以使用太极运动来帮助你缓解因父母离婚而带来的生理性或情感压力。

你需要做的

练习平静的运动可以帮助你缓解压力,但只有当你学习并花一些时间去练习时,它们才会起作用。在接下来的几个星期里,看看你是否能至少尝试一次这些练习。你可以通过参加正式的课程、观看视频、向体育老师寻求指导,或者从已经练习过这些动作的、认识的人那里获取个人指导等方式来练习上述运动。

在你尝试了每种运动后,请在这里描述你的经历。

- 我从哪里得到放松拉伸的指导:_____
  我尝试了哪种拉伸运动:_____
  这个动作使我的身体感觉如何:_____
  这个动作使我的情绪感觉如何:_____

- 我从哪里得到瑜伽指导:_____
  我尝试了哪种瑜伽姿势和动作:_____
  这个动作使我的身体感觉如何:_____
  这个动作使我的情绪感觉如何:_____

- 我从哪里获得太极指导:_____
  我尝试了哪些类型的太极动作:_____
  这个动作使我的身体感觉如何:_____

这个动作使我的情绪感觉如何：_____

● 我愿意再次尝试哪个动作：_____
我愿意定期练习哪个动作：_____
我不喜欢哪个动作：_____
下次我将练习哪项平静的运动：_____

你还可以做得更多

- 很多人不习惯动作缓慢的运动。解释一下为什么会这样。

- 平静的运动可以帮助你缓解压力。描述一下在过去一周里，你本可以用某种平静的运动来使自己冷静或减轻压力的情况。

- 如果长期练习平静运动，你会越来越感受到这些练习的好处，它能帮助你在生活中保持平静。写一写你计划如何将练习平静运动切实融入日常生活——就像刷牙或洗澡一样。

● 描述一种在当时平静运动也许能起到作用的、由父母离婚带来的紧张情绪或场景。

● 缓慢、平静的运动对你减轻压力有帮助吗?为什么?

活动 27　呼 吸

你需要知道的　当你感到紧张时，呼吸通常是浅而快的。当你感到平静时，呼吸会更深更稳。你可以使用呼吸来帮助你放松，并帮助你处理因父母离婚而产生的、令人沮丧的想法和感觉。

胡安的父母离婚已经两周了，胡安发现自己在学校和朋友面前都感到紧张和不安。即使没有什么让他焦虑的事，他似乎也总是感到焦虑。

胡安不知道自己怎么了，所以他问当医生的叔叔马库斯自己能做些什么来缓解紧张。马库斯叔叔问胡安最近是否有什么事情让他心烦意乱。胡安告诉他什么都没有——除了他的父母离婚，但那已经结束了。马库斯问胡安是否有些时候不会感到焦虑。胡安说，是的，当他在跑道上跑步或者早上醒来时就不会有这种感觉。马库斯叔叔说，胡安的焦虑可能是因为他仍然对父母的离婚感到不安。他还说，胡安之所以在跑步或醒来时感觉不到焦虑和不安，是因为那时他的呼吸比平时更深、更平稳。马库斯进一步解释说，深而稳定的呼吸将氧气带入我们的身体，有助于缓解焦虑。他建议胡安做一些呼吸练习，并让护士给他发电子邮件，希望他每种练习都试几次，看看哪种最适合他。

　　胡安听从了马库斯叔叔的建议。他发现自己早晨上学前做几分钟呼吸练习后，他就会一整天都感觉更好。如果感觉自己开始变得焦虑或不安，他就会当场做一个简单的呼吸练习，这有助于他放松身心并再次集中注意力。他喜欢这些练习，因为他可以在任何时候或任何情况下进行，甚至不会有人注意到他在做什么。

你需要做的

下面是马库斯叔叔的护士发给胡安的呼吸练习。每一个方式你都可以尝试一次。然后记录你对这个练习的感受。

跟随你的呼吸

安静舒适地坐着，闭上眼睛。试着在身体中找到呼吸的位置，无论它在哪里。你可能会感觉呼吸进入了你的鼻孔，你可能会感觉它在你的喉咙或胸部，或者你可能会感觉它一直下沉到你的腹部或横膈膜。如果你感觉找不到你的呼吸，试着屏住呼吸一两秒钟。当你再次开始呼吸时，你会非常清楚它在哪里。一旦你找到你的呼吸，就把你的注意力放在上面，跟随它进出你的身体。你不必试图改变它的模式；就只是简单地跟随它。当你的呼吸穿过你的身体时，继续跟随它几分钟。当你越来越习惯于这个练习时，你会发现，当你专注于你的呼吸时，它会自然地变得更加稳定和深入。

这个练习让我在生理上感觉如何：_____

这个练习让我在情绪上感觉如何：_____

我喜欢这个练习的什么：_____

我不喜欢这个练习的什么：_____

更深地呼吸

安静且舒适地坐着,闭上眼睛。尽可能用鼻子深呼吸,保持一两秒钟,然后用嘴巴尽可能慢地呼气,重复这些步骤两到三次。然后你可以在此停下来,或者继续重复这些步骤,直到感觉所有的焦虑和压力都从身体和精神中消失。

这个练习让我在生理上感觉如何:_____

这个练习让我在情绪上感觉如何:_____

我喜欢这个练习的什么:_____

我不喜欢这个练习的什么:_____

释放负面想法

安静舒适地坐着,闭上眼睛。当你深呼吸时,想象自己将平静带入你的身体和心灵。你可以想一些积极的事情或者画面,让它们随着你的呼吸而流动。屏住呼吸一秒钟,然后慢慢呼气。当你呼气时,想象自己将所有消极或有压力的想法和感觉从身体和思想中呼出。你可以想象所有关于父母离婚的令人心烦意乱的想法或感觉随着你的呼吸一起呼出,消失得无影无踪。只要你觉得舒服,可以重复这种积极的吸气和消极的呼气,次数不限。

这个练习让我在生理上感觉如何:_____

这个练习让我在情绪上感觉如何:_____

我喜欢这个练习的什么:_____

我不喜欢这个练习的什么:_____

你还可以做得更多

安静地坐着并关注我们的呼吸，是很多人不习惯去做的事情。刚开始也许会觉得不熟悉和不舒服。评定你做每项练习时的舒适或不舒适的程度。

跟随你的呼吸

1　　2　　3　　4　　5

不舒服　　　　　　　　舒服

深呼吸

1　　2　　3　　4　　5

不舒服　　　　　　　　舒服

释放负面想法

1　　2　　3　　4　　5

不舒服　　　　　　　　舒服

- 一些青少年发现，呼吸练习可以让他们忘记对父母离婚的不安想法和感受。其他青少年则表示，这会让他们更多地想到父母的离婚。描述一下当你尝试这些练习时，你的不安想法发生了什么变化。

_____

_____

● 一些青少年说，呼吸练习能让他们感到放松，但他们认为自己不会实际运用这些练习，原因如下：

_____ 我会不好意思做这些练习。

_____ 我没有时间做这些练习。

_____ 这些练习不好玩。

_____ 这些练习和我平时做的事情太不一样。

_____ 这些练习感觉很麻烦。

_____ 我不会记得去做这些练习。

在这些适用于你的理由旁边写上你的姓，解释一下为什么即使它们有好处，但你也不做这些练习。

_____

_____

● 你每天可能会做很多事情，尽管它们并不总是有趣的或方便的：刷牙、洗澡、做家务、写作业，以及上一堂你不感兴趣的课。解释一下为什么人们即使认为一些事情并不有趣或不方便，但他们仍会去做。

_____

_____

● 为什么你会练习呼吸法，即使它并不有趣或不方便？

_____

_____

活动	
28	# 与父母沟通

> **你需要知道的**　当青少年对父母离婚感到愤怒或不安时，他们往往想回避自己的感受，躲开父母。但是，用健康的方式与父母沟通，其实可以帮助他们缓解和释放难过的情绪。

拉凯莎对父母离婚感到非常难过，有时她觉得自己要崩溃了。但当父母试图和她谈论这件事时，她却改变了话题。她觉得他们离婚已经伤害了自己太多，她认为父母会再次伤害她。所以她尽可能避免和他们说话，这样这个话题就不会被提起。这种反应让她父母很担心。

拉凯莎的母亲每隔一周就去见一次心理咨询师，以便帮助她处理自己在离婚过程中的纷争。当她告诉咨询师自己对女儿的担心时，咨询师说其他家庭成员可能也有不同的想法或感觉。她决定为全家人预约一次咨询。拉凯莎的父亲和弟弟同意一起参加。咨询师告诉所有家庭成员，离婚期间出现沟通问题是正常的。这是一个充满挑战的时期，大多数人对正在发生的事情有非常强烈的感受。谈论这些情绪可能会让人感到不舒服，甚至无法承受。然而，谈论情绪也有助于释放它们，甚至有助于修复家庭成员之间的关系。

当拉凯莎的家人与咨询师交谈时，他们开始分享自己对离婚的感受。在咨询师办公室说这些事情比在家里说更有安全感。拉凯莎分享了她有多生气；她的弟弟告诉咨询师自己有多害怕；她的父母分享了他们对婚姻破裂感受到的悲伤。倾听彼此的感受有助于拉凯莎的家人相互关心和彼此理解。

他们后续又见了几次咨询师。拉凯莎和父母谈得越多就越感到不生气，与老师和朋友的关系也越融洽。她仍然不喜欢父母离婚的事实，但她更容易控制自己的情绪了。最终，他们不需要再去看心理咨询师了，因为他们都同意继续在家里多与彼此交谈。

你需要做的

这些图片中的青少年对父母的离婚有着不同的感受。他们没有和父母谈论这些感受,因此产生了问题。在每张图片旁边,写下这些青少年的感受,并写一写不分享自己的感受会导致什么问题,以及与父母交谈后,情况会如何变好。

"我的心受伤了。"

青少年的感受:_____
_____

引发的问题:_____
_____

如果分享感受,什么会变得更好:_____
_____

"我还会再见到我的狗狗吗?"

青少年的感受:_____
_____

引发的问题:_____
_____

如果分享感受,什么会变得更好:_____
_____

青少年的感受：_____

引发的问题：_____

如果分享感受，什么会变得更好：_____

_____

_____

_____

青少年的感受：_____

_____

引发的问题：_____

_____

如果分享感受，什么会变得更好：_____

_____

你还可以做得更多

- 为什么你认为和父母谈论你的感受会很难?

- 写下你害怕与父母分享的想法或感受。

- 如果你和父母分享这些想法和感受,你认为会发生什么?

- 为什么你认为拉凯莎会愿意在咨询室与父母交流,而不是在家里?

- 描述你因为没有和父母交流而出现的问题。

- 如果你有足够的安全感，你会对你的父母说什么？

- 与你的咨询师或其他成年人谈谈与父母分享这些想法或感受的可能性。想一想在什么样的情况下与父母分享会让你觉得更自在（例如：一次只和其中一方分享，在咨询室里分享，在开车的时候分享，或者在一起看电视的时候分享）。制订一个计划，在你感觉最舒服的时候去和父母沟通，并在这里写一写最终的结果。

活动 29　帮助自己

你需要知道的　当经历父母离婚时，你强大的支持来源之一就是你自己。不管你有没有意识到，你都已经具备了强大的力量和应对技巧，并且已经在其他生活情境中使用过。发现和调动这些力量可以帮助你支持自己。

当父母离婚时，你感到动摇或不安是正常的。你可能会觉得自己无法接受这种变化，或者无法处理正在经历的感受。但重要的是，你要记住自己内心的力量和应对技巧，它们可以帮助你渡过难关。

青少年并不总能意识到或者习惯于关注他们的内在力量。一旦你确定了你拥有处理困难局面的能力，你就可以建立自信，并利用这些能力来解决问题。

很多时候，你会发现自己在应对生活挑战方面的能力比你意识到的要强，而且这些能力越用越强，你会意识到，面对眼前的挑战，你并非毫无还手之力。

你需要做的

下面的每个短语都描述了青少年可以用来帮助自己度过困难时期的应对技巧。圈出你认为自己已经拥有的技能。

深呼吸冷静下来	必要的时候休息一下
考虑全局	适当地表达自己的感受
需要的时候寻求帮助	不要放弃
接受不完美	温柔地对待自己
提前计划	一步一步地完成
意识到我有选择权	尝试了解他人的观点
思路清晰	必要的时候保持冷静
关注积极的方面	把问题分解成小的部分

- 补充你拥有的但这里没有列出的其他技巧。

_____
_____
_____
_____

你还可以做得更多

- 描述你过去面临某个挑战时，通过自己的能力渡过难关的一次经历。

- 列出你在生活中经历过的另外 3 个挑战。在每个挑战后面，写下一个帮助你渡过难关的应对技巧。

- 父母离婚过程中的哪一部分对你来说是最难处理的？

● 你目前拥有的哪种能力或内在力量可以帮助你处理父母离婚这件事?

● 每个人都能学到更多更好地照顾自己的方法。你觉得自己还需要增强哪些能力和学习哪些应对技巧?

● 你会通过什么方式来获得这些能力?

活动 30 向咨询师寻求帮助

你需要知道的

心理咨询师是受过专业训练来帮助他人应对挑战的人。如果父母的离婚正困扰着你,而你也希望能得到一些帮助,找到一些让自己感觉更好的方法,那么心理咨询师可以帮助你。咨询师和来访者之间的谈话是保密的。

汉娜的父母已经离婚一年了,但每个周末去爸爸家时,汉娜都会一次次地想起父母已经分开的伤痛。这样的情绪时常萦绕在她心头,有时她甚至会在晚上睡觉前哭泣。她觉得自己像个孩子,她告诉自己要克服这种感觉,但压抑它似乎并不能让它消失。

一天在游泳训练时,汉娜的教练跟她在体育馆办公室进行了一次私人谈话。教练凯利说汉娜的游泳成绩不如以前了,她想知道是否有什么事情困扰着汉娜。汉娜告诉她,自己仍然对父母离婚感到悲伤,教练凯利问汉娜是否有和心理咨询师谈过。汉娜说她永远不会那样做,因为这样其他孩子会取笑她。教练凯利告诉汉娜,许多健康的、高效能的人都会去寻求咨询。她告诉汉娜,自己也曾遭受焦虑和恐慌的折磨,一位咨询师帮助她学会了如何控制它们。现在她很少再出现这种情况了。

汉娜感到很惊讶。教练凯利是她认识的最聪明、最好的人之一。汉娜从未想过她会有这样的问题。教练凯利说，不管外表看起来如何，每个人都有一些挑战要应对。向心理咨询师寻求帮助并不是软弱的表现，而是坚强的表现。直面问题而不是逃避问题，这需要勇气。教练凯利给汉娜推荐了一位有青少年心理健康工作经验的咨询师，汉娜的母亲在第二周为她安排了一次会面。

和咨询师交谈后，汉娜意识到教练凯利是对的。汉娜通过表达自己的感受并找到健康的方式来处理这些感受，从而获得了自信。她一点也不觉得自己是不懂事的孩子了，事实上她觉得自己比以前更成熟了。咨询师是一个很好的倾听者，不会评判她或试图告诉她该做什么。咨询师用自己的方式帮助汉娜找到了适合的应对困境的方法。

你需要做的

下面的情况都是人们找心理咨询师谈话的原因。在每个原因旁边,写下你认识的可能有过这种经历的人的名字。

不喜欢自己	
父母离婚	
与家人相处不好	
成绩下降	
愤怒爆发	
感到孤独	
感到害羞	
感到沮丧	
酒精依赖	
对未来感到恐惧	
害怕坐飞机	
想戒烟	
想与朋友相处得更好	
感到压力太大	
睡不着	
吃得太多或太少	
身体上或精神上受到虐待	
重要的人去世	

● 这些情况都可能在生活中发生。拥有这些经历并不会让一个人变得好或坏、聪明或愚蠢、正确或错误。列出你能想到的他人可能想和心理咨询师谈话的其他理由。

你还可以做得更多

　　向心理咨询师寻求帮助是一种智慧而不是软弱的表现。发挥你的想象力，在下面每个职业的旁边，写一写如果人们不向这些专业人士寻求帮助可能会发生什么。

- 消防员 _____

- 医生 _____

- 教师 _____

- 体育教练 _____

- 警察 _____

- 理疗师 _____

- 心理咨询师 _____

- 汽车机械师 _____

- 计算机技术人员 _____

● 用你自己的话解释这句话的意思：去找心理咨询师是智慧而不是软弱的表现。

● 你认为汉娜为什么无法独自走出悲伤？

● 当她开始和心理咨询师谈话时，发生了什么变化？

● 你身边有因为没有正视自己的问题导致生活受到负面影响的人吗？请简要描述一下。

● 你身边有因为正视自己的问题从而对生活产生积极影响的人吗？请简要描述一下。

● 和咨询师谈论父母离婚的事，你会有什么感觉？

活动 31 | 从信任的人那里获取帮助

你需要知道的　即使不是专业的咨询师，其他成年人也可以帮助你渡过父母离婚的难关。任何一个你足够了解和信任的成年人都可能愿意倾听你的想法和感受，并可能提供建议来帮助你应对眼前的挑战。

　　克里斯和他的叔叔谈论了家里的情况，他还是个小男孩的时候就和叔叔很亲密。

　　阿什莉帮邻居詹斯太太照看了 3 年小孩。她和詹斯太太在一起感觉很自在，有时会和她谈谈对父母离婚的感受。

　　亚当有时会在足球训练后留下来，和教练谈论他父母之间发生的事。

　　贾芳在医院做志愿者工作，她所在楼层的护士长很和蔼，且容易沟通。她发现自己能和她分享自己对父母离婚的难言之情。

　　卡罗琳今年和英语老师斯特凡诺斯女士关系很好。斯特凡诺斯女士告诉卡罗琳，只要卡罗琳需要，放学后她可以留下来跟卡罗琳聊天。

你需要做的

在下面每个单词后面，写下在你生活中扮演这个角色的人名。

- 友好的邻居 _____

- 阿姨 _____

- 祖母 _____

- 教练 _____

- 学校老师 _____

- 其他能帮到你的老师 _____

- 叔叔 _____

- 祖父 _____

- 家族中的朋友 _____

- 精神领袖 _____

你觉得向其中哪些人寻求帮助会让自己感到很舒服？请在他（她）的名字旁边画一颗星。

你还可以向哪些人寻求帮助？把他（她）的名字写在下面。

_____

_____

_____

你还可以做得更多

写出你认为可能帮助你的 3 个成年人的名字。在每个名字后，写清楚你与此人的关系。

- 名字

- 我们是如何认识的

- 我认识他（她）多久了

- 我多久见他（她）一次

- 我喜欢他（她）什么

- 为什么和他（她）在一起使我感觉很舒服

- 我为什么信任他（她）

- 为什么他（她）会帮助我

- 他（她）的电话号码

- 他（她）的电子邮件地址

- 名字

- 我们是如何认识的

- 我认识他（她）多久了

- 我多久见他（她）一次

- 我喜欢他（她）什么

- 为什么和他（她）在一起使我感觉很舒服

- 我为什么信任他（她）

- 为什么他（她）会帮助我

- 他（她）的电话号码

- 他（她）的电子邮件地址

- 名字

- 我们是如何认识的

- 我认识他（她）多久了

- 我多久见他（她）一次

- 我喜欢他（她）什么

- 为什么和他（她）在一起使我感觉很舒服

- 我为什么信任他（她）

- 为什么他（她）会帮助我

- 他（她）的电话号码

- 他（她）的电子邮件地址

● 如果你现在感到需要帮助，选择这些人中的一个，并计划一个联系他（她）的时间。在这里写下你的计划。

_____
_____
_____
_____
_____
_____

● 描述一下你和这个人联系时的感觉。

_____
_____
_____
_____
_____
_____

● 他们会如何回应你的寻求帮助的请求？

_____
_____
_____
_____
_____
_____

活动 32 | 你爱父母的权利

你需要知道的
有时在离婚过程中，父母中的一方会感到非常生气或受伤，因此他（她）会试图让他（她）的孩子远离另一方而只对自己忠诚。无论你的父母之间发生了什么，你都有权利保留对他们双方的爱与忠诚。

库尔特不知道该怎么办。当他和母亲在一起的时候，母亲讲了很多父亲的坏话——那些他父亲多年来做的她不喜欢的事情。她总是在最后问库尔特："你可以看到你的父亲是一个混蛋，对吗？"库尔特不知道该说什么。因为他爱他的父亲，即使父亲犯了一些错误，有时行为还不得体。

而当库尔特和父亲在一起时，父亲会不断抱怨库尔特的母亲。他骂她，告诉库尔特她是疯子。他说他不知道库尔特怎么能忍受和她住在一起。他会问："你明白我为什么要离开她了吧？"库尔特又一次不知道该说什么了。他知道母亲有时很难相处，但他非常爱她。他不想站在父亲这边反对她。

库尔特讨厌父母让他陷入困境。他知道他们都不完美，但他们是他的父母，他爱他们。如果他附和一个人说另一个人有多坏，他会感到非常内疚。但如果他不附和，也会感到内疚。他不知道如何在不伤害任何一方的情况下同时取悦他们两个人。每当他和父母中的任何一方在一起时，他都开始有压力，因为他太知道父母会和他说什么了。

一天，库尔特的祖父来看望他。当库尔特的母亲要求库尔特承认他的父亲是个失败者时，祖父也在场。祖父告诉库尔特的母亲，他对这样的话感到难过。库尔特的母亲一下子就生气了，走出了房间。这时，库尔特的祖父告诉他，他没有必要去反对他的父亲或母亲。库尔特告诉祖父他的遭遇，以及这让他感到多么不舒服。祖父说他会再和库尔特的母亲谈谈这件事，与此同时，库尔特必须学会对他的父母说："请不要让我偏袒任何一方。你们是我的父母，我有权爱你们两个。"

你需要做的

在图片中青少年和父母的衬衫上写下你和你父母的名字。在父母的对话框中，写下父母对你说过的关于对方的一些负面的话。然后，在你的对话框中写下："请不要问我站在哪一边。你们是我的父母，我有权爱你们两个。"或者用自己的话表达相同的意思。

你还可以做得更多

- 当父母中的一方试图让你站在反对另一方的立场时,你是什么感觉?

- 为了让父母停止这样的行为,你做过哪些尝试?

- 看着这张写着"你们是我的父母,我有权爱你们两个"的图片,你是什么感觉?

● 如果你真的对母亲说了图中这些话，你认为会发生什么？

● 如果你真的对父亲说了图中这些话，你认为会发生什么？

如果你不敢向父母说出这些话，你可以试着做 3 件事来使它变得容易些：

1. 自己一个人或者和别人一起事先排练你要说的话。

2. 当你和父母谈话时，请另一个你信任的成年人在场。

3. 与咨询师一起在咨询室和你的父母进行交谈，来帮助你的家庭成员明确地、和平地沟通。

活动 33 | 你有权不受父母问题的影响

> **你需要知道的**
>
> 如果你的父母之间存在问题，这些问题是他们的而不是你的责任。有时父母会试图将青少年拉入他们的关系或问题中。请记住，你有权利远离父母的问题。

米歇尔感觉自己似乎生活在战区。她以为一旦父母离婚了，战争就会停止，但其实只是改变了模式。她不必再听他们在家里争吵，但现在她觉得自己是他们作战计划中的一枚棋子。通常当母亲生父亲的气时，她就不让米歇尔去看他。当父亲生母亲的气时，他会说这样的话："告诉你母亲，她最好把欠我的钱拿出来，否则她会后悔的。"有时米歇尔试图解决父母之间的问题，她会告诉他们彼此的优点，或者试着给他们一些建议去解决他们的问题。但这些都无济于事，只会让米歇尔感到沮丧和疲惫。当她被夹在父母的冲突中间时，她感到自己被利用了，受到了伤害。

一个星期五的下午，米歇尔在最后一节课上感到肚子疼。她感觉很糟糕，因此老师允许她去医生办公室。医生在米歇尔肚子周围的几个地方轻轻推了推，说没有感觉到任何异常，并问米歇尔她是否吃了什么平时不常吃的东西，或者是否有什么困扰着她。米歇尔告诉她，她担心周末去她父亲家的事，她向医生诉说了夹在父母冲突中间的感觉。医生说有时候担心和紧张会导致胃痛。她告诉米歇尔，她有权远离父母的问题，并且父母需要理解这一点。

医生为米歇尔和她的父母安排了下周的会面。她向他们解释说，让米歇尔介入他们的冲突对米歇尔不公平，而且对她的健康有害。他们的问题是他们的责任，他们需要自己解决。米歇尔的父母听了医生的话后向米歇尔道歉。他们没有意识到自己是如何利用米歇尔来向对方传递负面信息的。他们同意努力改变这种情况，并打算在一个月后再次与医生会面，看看情况是否有所改善。

米歇尔的父母很难改变他们的方式，但他们不断尝试，最终情况有所好转。每当他们又试图开始指责对方的时候，米歇尔都会指着她的肚子来提醒父母他们的承诺。

你需要做的

在第一排的中间一栏写下你的名字,在两边写下父母的名字。在父母名字下面的横线上,写下"武器"名——父母把你夹在他们中间时的话语或行为。在你名字下面的横线上,描述他们这样做时你的感受。

_____	_____	_____
_____	_____	_____
_____	_____	_____
_____	_____	_____
_____	_____	_____
_____	_____	_____
_____	_____	_____
_____	_____	_____

在对话框中,写下你想对父母说的话,告诉他们他们正在对你做什么,并且要求他们停止这种行为。

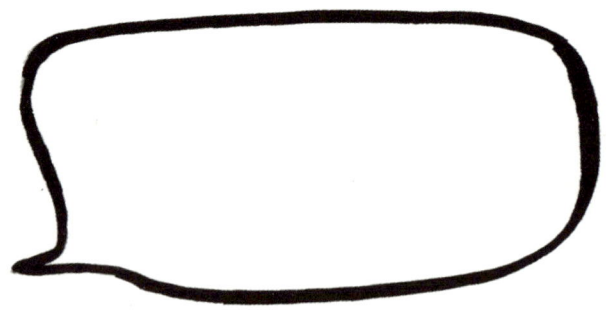

你还可以做得更多

- 米歇尔为什么会肚子疼？

- 夹在父母的冲突中对你的情绪有什么影响？

- 夹在父母的冲突中对你的身体有哪些影响？

- 用你自己的语言改写这句话："我有权与父母的冲突和问题保持距离。"

_____

_____

_____

_____

● 如果你告诉父母不要让你介入他们的问题,你会有什么感受?

_____

_____

_____

_____

　　制订一个计划来告诉父母你的感受。如果你觉得很难直接表达出来,可以给他们看本节内容来帮助你解释你的感受和想法。如果还是太难,你可以向咨询师或其他成年人请求帮助。

活动 34 你有权保持青少年身份

你需要知道的　父母离婚后如果没有跟另一个成年伴侣生活在一起，他们可能就会把孩子当作另一个成年人，而不是他们的孩子。这将把青少年置于一个不恰当的位置。在你和父母的关系中，你有权继续做个孩子。

当马特的父母离婚后，他的父亲搬出去时，马特的母亲告诉他："好了，亲爱的，你现在是家里的男子汉了。"马特起初不确定这是什么意思，但很快他就明白了。马特的母亲开始让他一起帮助管教弟弟妹妹。这份责任让马特感到不舒服。他只比他的弟弟大几岁，所以对于扮演父亲的角色感到不安。他的母亲也开始偶尔向马特借钱。马特不得不动用他从暑期工作中攒下的钱。母亲答应会还他钱，但从来没有做到过。这让马特有了愤怒和被背叛的感觉。

当凯拉的父母离婚时，凯拉的父亲搬出了这个州。凯拉会在学校放假的时候去看他，并且通常会在那里待上一周或更长时间。凯拉的爸爸开始用不同的方式来对待她。他分享了很多生意上的问题，以及他和新女友关系上的问题。一天晚上，他下班后带凯拉去酒吧。他不允许凯拉喝酒，但让她参与大人的对话。凯拉对于这些情况感觉很不好。她感到不舒服和紧张，不想和父亲有这种同龄人般的关系，她希望父亲能再次表现得像个父亲。

马特的母亲和凯拉的父亲都把他们这些十几岁的孩子放到了不合适的位置。虽然青少年可以帮忙照看孩子或做家务，但承担父母的责任不是他们的义务。虽然父母可以与他们的孩子分享一些关于自己个人生活的信息，但将他们的孩子视为同龄人是不合适的。虽然青少年比小学生更成熟，但他们的工作并不是在父亲或母亲的生活中取代伴侣的角色。

你需要做的

父母并不总能意识到他们的行为正在伤害孩子，所以他们需要意识到发生了什么。有一种方法是让青少年向父母解释他们的感受。

补充完整下面的句子，想想马特和凯拉可能会对父母说些什么来让他们理解。

● 妈妈，当你_____
_____，我觉得
_____
_____
_____
_____
_____

● 爸爸，当你_____
_____，我觉得
_____
_____
_____
_____
_____

你还可以做得更多

● 描述一下你的父母不恰当地将你置于大人角色的任何情况。

_____
_____
_____
_____

● 这让你感觉怎样？为什么？

_____
_____
_____
_____

补充下面的句子，写出能帮助父母理解你的感受的句子。

● 妈妈，当你_____
_____，我觉得
_____

● 爸爸，当你_____

_____，我觉得

_____

- 妈妈，当你_____

  _____，我觉得

  _____

- 爸爸，当你_____

  _____，我觉得

  _____

- 对父母说这些是什么感觉？

  _____

  _____

  _____

- 你认为他们会如何回应？

  _____

  _____

  _____

　　如果你认为你不能告诉父母自己的感受，那么请告诉一个咨询师或其他成年人。并谈谈那个成年人是否能帮助你和父母进行沟通。

活动 35 你有权获得父母养育

你需要知道的 当父母离婚时，他们有时会变得过于专注于自己的处境，而忽视了他们的育儿职责。无论你父母的生活中发生了什么，你都有权利得到父母足够的关爱。

乔斯非常独立。他可以回到空荡荡的家里完成作业，然后轻轻松松地给自己和妹妹做顿晚饭。但是自从父母离婚后，他开始感到被忽视了。有时当他想做饭时，冰箱里却没有任何食物。他的母亲会在下班回家的路上从餐馆买些东西，但通常要等到晚上 8 点钟。

乔斯也失去了工作日晚上被爸爸辅导科学作业的机会。他会在星期六去看他的父亲，但是通常都已来不及辅导作业了。他试着给爸爸打电话，但是爸爸和他的新婚妻子刚刚有了双胞胎宝宝，似乎没有太多的时间来帮助乔斯。

乔斯的妹妹第一次参加舞蹈表演时，他们的父母都没有时间去看她的表演。乔斯知道妹妹很受伤，但他不知道该怎么办。最后，他和学校的咨询师谈了谈。咨询师告诉乔斯，他的父母需要找时间来更好地照顾乔斯和他的妹妹。他安排了一次与这家人的会面，大家一起讨论了这个情况。咨询师告诉乔斯的父母，不管有多忙，他们都需要充分照顾到所有的孩子。咨询师帮助乔斯的父母想办法更好地照顾好两个孩子，一段时间后情况得到了改善。乔斯很高兴他寻求了帮助。

> **你需要做的**

下面的清单列出了父母在照顾孩子方面需要承担的责任，请根据实际情况进行填写，在"评价"一栏写下你的感受。如果有其他你认为重要但未被列出的职责，请填写在表格下面的空白格中。注意：区分生活必需品和非必需品很重要，比如手机、汽车和电视属于非必需品，不是父母必须提供的物品。

我的家庭

父母的责任	提供 / 未提供	评价
食物		
衣服		
住所		
教育		
医疗保健		
家庭清扫		
纪律		
情感支持		
大人监管		
作业辅导		
出行		
鼓励		
建议		
爱		
其他：		
其他：		

你还可以做得更多

- 上述清单中,你的父母未承担的责任有哪些?这对你带来了什么样的影响?

  _____
  _____
  _____
  _____
  _____

- 你觉得父母在当下为什么不能给你提供所有你需要的照顾?

  _____
  _____
  _____
  _____
  _____

- 你觉得你的父母意识到被他们忽视的抚养责任了吗?为什么?

  _____
  _____
  _____
  _____
  _____

想一想，你可以采取以下哪些行动来让父母了解你的感受和需要：

☐ 和父母谈一谈

☐ 给父母看这本书

☐ 给他们写封信

☐ 请求一位家庭成员和你一起与父母交谈

☐ 请求咨询师或老师和你一起与父母谈谈

☐ 请求一个信任的成年人和你一起与父母交谈

☐ 其他：_____

● 让父母知道你的哪些需求没有得到满足是很重要的。如果他们不知道，就无法帮助你。设想一下，你可以在什么时候、什么地方和父母说出你的感受和需求？你会采取上述的哪种方式？

_____
_____
_____
_____
_____

照着你的计划行动起来吧。

活动 36 | 你有权与大家庭保持联系

> **你需要知道的**
>
> 当父母离婚时，青少年与大家庭成员的联系可能会被切断。父母的问题不应该影响青少年的人际关系。你有权利与任何大家庭成员继续保持适当的联系。

一个核心家庭由父母和孩子组成。大家庭包括其他家庭成员，如祖父母、姑姑、叔叔和堂兄妹。一些大家庭也包括那些实际上没有血缘关系，但在情感上很亲密以至于感觉是一家人的那些人。

核心家庭成员和大家庭成员都是青少年生活的重要组成部分。你可以从与不同的家庭成员的关系中得到培养、指导、支持、友谊和快乐。

父母离婚，有时会让青少年与大家庭成员的关系受到限制，甚至被完全切断。一方父母可能不希望他们的孩子继续与另一方父母的亲戚交往，或者一方父母的家人可能会因为离婚的情况而对另一方父母感到愤怒。不管离婚的父母之间发生了什么，只要是安全的、适当的，青少年应该被允许继续与他们的大家庭保持联系。

你需要做的

在下面的方框中画一棵树枝延展的树。在它的树干上写下你的名字，画上你的脸，或者贴上你自己的照片。在树枝上的合适位置写上你的核心家庭和大家庭成员的名字。在下面的横线上，写下那些与你没有血缘关系但关系十分亲近的"家人"的名字。完成后，在你想保持联系的大家庭成员旁边画一颗星。

_____ _____ _____

_____ _____ _____

_____

你还可以做得更多

- 列出由于父母离婚而很少联系或没有联系的主要家庭成员的名字。在每个名字旁边，说出你最喜欢或最想念那个人的部分。

- 你觉得父母知道你想和这些人有更多的接触吗？

- 关于本话题，你有什么想对父母说的？你希望你的生活朝哪个方向改变？请写一写。

- 你认为父母会说什么或做什么来回应你的话？

计划一个时间和你的父母谈谈这件事。如果你不愿意和他们单独交谈，请一位咨询师或其他你信任的成年人和你一起参与交谈。

活动 37 | 你有权独立于家人

你需要知道的　正常情况下，在青春期，青少年会开始在身体和情感上独立于父母。但父母离婚时，青少年有时候会对自己是否有权利或有能力与父母分离感到困惑。无论你的父母之间发生了什么，你都有权利长大成人、成为你自己。

柯尔斯顿觉得自己的生活在倒退。父母离婚后，她的内心似乎发生了变化。有时候她觉得她不应该和朋友出去玩，因为她母亲一个人在家。周末她想和朋友一家人去湖边玩，而不是去看父亲，但她知道这样父亲就会独自一人，柯尔斯顿不想让他失望。有时候，当她想到要去外地上大学时，她会想，她离家这么远对母亲来说是不是太痛苦了。

柯尔斯顿渴望花更多的时间和朋友在一起，找份工作，也渴望自己做更多的决定。但随着父母离异，她也觉得他们更需要自己。就连她的妹妹似乎也想花更多的时间和柯尔斯顿待在一起，也变得更依恋她了。柯尔斯顿不知道她应该如何过好自己生活的同时，也照顾好家人的需求。

柯尔斯顿在心理健康课上谈论人类发展阶段时提到了这个话题。柯尔斯顿说，她认为在父母离婚前她一直发展正常，但现在她觉得家庭阻碍了她变得更加独立。心理健康课的老师说，考虑到正在发生的事情，柯尔斯顿这样想是有道理的。老师还说，重要的是，虽然父母离婚了，但柯尔斯顿也有权继续自己的生活。她可以继续去爱和关心她的家人，但她无法满足他们所有的情感需求。

你需要做的

在左边一栏，写下你正在做什么或想做什么事情来让自己变得更加独立。在右边一栏，写下你的家人可能正在做的、会妨碍你独立的事情，然后圈出你认为是父母离婚所造成的结果。

变得更加独立	阻碍我的独立

你还可以做得更多

● 更详细地解释你圈出的事情。

● 如果你的父母没有离婚，这些情况会有什么不同？

● 和咨询师或其他成年人谈谈你希望在哪些方面变得更加独立。讨论一下你的想法是否符合你的年龄和成熟度。在合适的想法旁边打个"√"，在不合适的想法旁边打个"×"。

● 如果你告诉父母你想要通过一些合适的方式变得更加独立，他们会如何反应？

_____
_____
_____
_____

● 如何在不让家人阻碍你独立的情况下，继续爱你的家人？

_____
_____
_____
_____

安排一个时间，和父母谈谈你在这个练习中所写的内容。如果你不愿意和他们单独交谈，可以请咨询师或其他你信任的成年人一起交谈。

活动 38 | 如果父母中的一方离你很远

> **你需要知道的**　有时，父母离婚后，其中一方会搬到很远的地方，这样你就很难经常见到他/她。然而，这并不会对亲子关系造成影响。尽管父母和青少年之间的物理距离很远，但你们也有很多保持亲密关系的方法。

当艾丽的父母离婚时，母亲告诉艾丽她要搬到另一个城市。她得到了一份重要的工作，这可以让她付钱给艾丽的父亲来照顾艾丽，还能供艾丽上大学。但是这份工作地点很远，而且会占用她很多时间。艾丽很沮丧。她害怕再也见不到她的母亲，或者母亲会完全忘记她。艾丽告诉母亲她的这些恐惧，母亲告诉她自己不会允许这种事情发生。

为了让艾丽放心，母亲拿出了日历和地图，两人花了一个下午时间来计划如何在物理距离很远的情况下保持亲密关系。她们算出了开车或坐飞机去艾丽母亲要去的地方需要的时间，以及找出了两个家之间的巴士和火车路线。当艾丽意识到她可以乘飞机在一个小时内到达她母亲家时，她感觉好了一点。她们还确定了她们之间的中点，并了解到这是一个不错的小镇，小镇上有一些好酒店、一个购物中心和一个水上公园。

如果艾丽和母亲周末想见面时，她父亲可以开车送艾丽去那里。

艾丽也和母亲谈到了如何保持每天和每周的联系。她们都有手机和电子邮箱，所以她们一致同意在每天早上发邮件，晚上晚饭后打电话。在艾丽参加戏剧俱乐部的晚上，她会晚一点给她母亲打电话。艾丽的母亲会确保话费套餐已经设置好了，这样她们打电话给对方时都是免费的。

艾丽的母亲也打电话给艾丽的学校，并让他们知道她想加入艾丽的联系人名单。她写下了艾丽戏剧表演的所有日期，这样她就可以提前下班去看艾丽演出。艾丽的母亲搬走两个星期后，她们一起计划共度了第一个周末。她们还在日历上标出了艾丽母亲到这边城市出差的日期，这样她们就可以有时间在一起了。她们甚至说好了下一次学校放假和第二年夏天，艾丽会过来和母亲住很长一段时间。

下午快结束时，艾丽感觉好多了。她很高兴自己告诉了母亲自己的恐惧，而且她相信，即使相隔很远，她也和母亲能够保持亲密的关系。艾丽知道她每天都会很想见到母亲，但她也知道，分离并不会像最初她想象的那么糟糕。

你需要做的

下面列出了我们与一个人保持联系的几种方式,请填写:你希望用哪种方式来与远方的父母保持联系?你希望联系的频率是怎样的?然后将你的答案转移到下面的空白日历上,做出两个月的计划表。

- 电子邮件 _____
- 电话 _____
- 传真 _____
- 邮政服务 _____
- 汽车 _____
- 出租车 _____
- 公共汽车 _____
- 火车 _____
- 飞机 _____

请在这个计划中的你认为可行的部分打一个"＋",在不可行的部分打一个"－",并说一说为什么。

你还可以做得更多

- 回想一下你第一次得知父亲或母亲要搬走的时候。描述一下当时的情景，父母当时都说了些什么？你听到这个消息时有什么感受？

- 你感觉远离父母最难的部分是什么？

- 你认为你的父母为什么要搬走呢？

● 你觉得父母搬走是明智的决定吗?

_____
_____
_____

● 你认为自己和远方的父母有足够的联系吗?如果可以的话,你想如何改变你的安排?

_____
_____
_____

● 如果你觉得自己和远方的父母联系不够,制订一个计划和他们谈谈这个问题。想想在哪里、什么时候、如何去做这件事。请在这里写下你的计划。

_____
_____
_____

如果你不愿意和父母谈论自己的感受,可以让他们看看这一节内容,或者请咨询师及其他成年人来帮助你。

| 活动 39 | 如果父母一方离开你 |

> **你需要知道的**
>
> 有时候，父母中的一方会因为离婚而感到极度的受伤，他们认为恢复的唯一办法就是逃离目前的生活。有一些父母，他们几乎没有合理的应对技巧，因此他们可能会辞掉现在的工作、离开家甚至离开自己的孩子来疗伤。如果父母离开了你的生活，这绝对不是你的错。

当埃博妮的父母离婚时，她的父亲告诉她他会经常给她打电话保持联系，埃博妮也可以每个周末去看他。分开后的前两个周末，埃博妮和她父亲待在鲍勃叔叔家。第二个周末，她父亲打电话来说他正在找房子，不能去接她。在那之后的周末，他打电话说自己去旅行了，回来后会给她打电话。埃博妮都一年多没有收到她父亲的信了。她觉得受到了伤害和背叛。她想知道自己做错了什么，让父亲不再爱她也不想和她在一起。

鲍勃叔叔试图向埃博妮解释，她父亲的缺席与她无关。叔叔说她父亲过得很不开心，并一直试图通过去新的地方来逃避这种不开心。他还说，她的父亲必须学会如何处理而不是逃避自己的悲伤。不幸的是，即使这与她无关，但父亲的问题还是深深地伤害了埃博妮。

埃博妮发现和鲍勃叔叔谈论父亲让她感觉好了一点。他们都爱她的父亲，希望他能尽快回家。鲍勃叔叔帮助埃博妮更好地理解了她的父亲。与爱他的人分享关于父亲的快乐回忆也是一件很美好的事情。最终埃博妮明白了，父亲的离开与他们之间的关系无关，这只与他自己有关。

> **你需要做的**

给离开你的父亲或母亲写一封信，告诉他们，你对他们离开的感受（如果需要，可以使用更多的纸张）。你可以选择是否寄出这封信。

你还可以做得更多

- 对于暂时离开你的父母，你最想念他们的什么？

- 父母不在身边，你感觉最难的部分是什么？

- 你会不会寄出你写的信呢？为什么？

- 就像埃博妮的父亲一样，任何父母的离开都是因为他们与自我的关系出现了问题。你认为是什么困扰了你的父母，以至于他们离开了你？

- 也许你很难想象自己的父母也会有无法解决的问题。解释一下为什么你会很难想象。

- 你认为像埃博妮和鲍勃叔叔的谈话一样，和别人谈论你离开的父母会对你有帮助吗？为什么？

与咨询师或信任的人分享你的信，或你的想法和感受。

活动 40 | 当父母中的一方需要帮助时

你需要知道的

离婚并不容易,有时它会深深地伤害父母,以至于他们很难继续以健康的方式生活。那些无法履行其对工作或家庭的责任,或其行为可能伤害自己或他人的父母可以从专业咨询师和医生那里获得帮助。

自从杰瑞德的父母离婚后,他的母亲睡得越来越久。有时她不去上班,杰瑞德放学回家后会发现她睡在沙发上。有时她旁边或水槽里有空的伏特加酒瓶。一天,杰瑞德回到家,发现家里没电了——因为他母亲没有付电费。

自从父母离婚后,贝丝的父亲似乎很生气。她很少看到父亲笑,有时父亲会对她大声吼叫,让她感到害怕。有一次,当父亲生气时,她看见他把一个大垃圾桶踢到车道对面,垃圾飞得到处都是。然后他上了车,把车飞快地开出了车道。贝丝的母亲看到了发生的事情,并说如果贝丝的父亲控制不了自己的脾气,法院是不会让贝丝见父亲的。

杰瑞德和贝丝都去了社区咨询中心的离婚互助小组。一天,杰瑞德告诉大家他母亲的行为,担心她会丢掉工作。小组组长卡罗琳询问是否有其他青少年的父母行为极端或令人恐惧。贝丝举起手,讲述了她父亲的脾气有多暴躁。卡罗琳向小组成员解释说,有时父母感觉很糟糕,以至于他们无法以健康的方式处理自己的深层情感。当他们的行为对自己或他人造成危险时,就需要获得帮助。重要的是,看到这些行为的青少年一定要告诉那些可以帮助他们父母的人。卡罗琳帮助杰瑞德的母亲进行了药物滥用治疗评估,她帮助贝丝的父亲报名参加了一个情绪管理的课程。

你需要做的

下面列出了应对痛苦的错误方式。判断哪些行为会对自己造成危险，哪些行为会对他人造成危险，哪些行为会妨碍别人的工作，哪些行为会影响其对家人的照顾。如果还有其他行为，请补充在表格下面。

	对自己危险	对他人危险	妨碍别人的工作	影响其对家人的照顾
暴力地表达愤怒	☐	☐	☐	☐
酗酒	☐	☐	☐	☐
严重抑郁	☐	☐	☐	☐
吃得很少	☐	☐	☐	☐
滥用处方药	☐	☐	☐	☐
严重焦虑	☐	☐	☐	☐
做一些鲁莽的事	☐	☐	☐	☐
其他 _____	☐	☐	☐	☐
其他 _____	☐	☐	☐	☐
其他 _____	☐	☐	☐	☐

- 你在父母身上看到过这些行为吗？在什么地方、什么时候见过？

- 父母的行为对你产生了怎样的影响？

你还可以做得更多

如果你目睹了父母中任何一方的危险行为，让他们得到帮助是很重要的。圈出下列可以给你父母提供帮助的人。

医生　　　　咨询师　　　　祖父母　　　　老师
叔叔婶婶　　父母的朋友　　邻居

- 还有谁能帮助你的父母？

_____
_____
_____

- 如果你的父母现在正陷入困境，需要帮助，那你应该也很不容易。因此，如果你也需要支持，你可以向谁寻求帮助？

_____
_____
_____

制订一个为你父母和自己寻求帮助的计划。想一想，你会寻求谁的帮助？会在哪里、什么时候去寻求他们的帮助？最后，请确保遵守这个计划。

	帮助我的父母	帮助我自己
谁		
哪里		
什么时候		

活动
41 | 可能的积极因素

> **你需要知道的**　许多经历过父母离异的青少年能够感受到这种经历对他们生活的积极影响。起初，可能很难使人相信这一点，但是就像生活中的其他挑战一样，如果你从正确的角度去看待，你会发现你也能获得一些积极的东西。

莎拉 14 岁时，她的父母离婚了。她觉得这可能是最糟糕的事情。她讨厌在周末去看父亲时错过社交活动，也讨厌在母亲开始工作后自己不得不在放学后照看弟弟。她恨自己时时刻刻都在难过，她气在父母毁了她的生活。

莎拉花了很长时间才从悲伤和怨恨中走出来。与咨询师交谈、在日记中写下自己的愤怒和失落对她有所帮助。莎拉在她高中生活的最后一年被要求带一个新同学参观学校。新来的女孩叫艾米丽，她因为父母离婚而不得不搬到另一个学区的一所小房子里。艾米丽向莎拉吐露了父母离婚带给她的打击。

在莎拉聆听时，她意识到自己能理解艾米丽的感受。莎拉还意识到了其他一些事情。她发现自己告诉了艾米丽一些关于父母离婚的积极的事情——比如不用一直听父母大声争吵有多好；当他们周末在一起时，她是如何更好地了解她的父亲的；她和她的哥哥如何通过交流父母离婚带来的悲伤而变得更亲密；以及经历这些事情后她在情感上变得多么坚强。现在，当她在生活中遇到失望时，她知道自己可以克服它们，因为她熬过了最艰难的一个阶段——她父母的离异。

你需要做的

在下面的描述中，圈出你在生活中经历过的、起初看起来很困难的事情。

学习走路	开始上幼儿园	学习游泳
学习滑冰	学习系鞋带	学习开车
学习骑自行车	宠物死去	失去一个朋友
搬到新房子里	进入一所新学校	玩一项运动
通过一门难的课程	通过一项难的测试	道歉
参加一场演出	做一个口头报告	请求约会
你爱的人去世了	失去一个朋友	你爱的人生病了

- 从你圈出的项目中选择一个或多个，讲一讲这段最初看起来困难重重的经历，最终是如何给你的生活带来积极的影响的。

_____
_____
_____
_____
_____

你还可以做得更多

- 再读一遍关于莎拉和艾米丽的故事。莎拉最终在父母离婚中找到了积极的东西，你认为这现实吗？解释一下你的答案。

- 你认为艾米丽因为父母离婚而搬家，并进入新学校的过程中将会面临哪些挑战？

- 猜测一下艾米丽的经历最终会给她带来什么积极的影响。

- 你的情况与莎拉和艾米丽的情况有何相同或不同？

- 假设现在是 5 年后。写下年份和你的年龄，并讲讲当你回顾父母离婚的经历时，你可能会看到哪些积极的方面。

成 就 证 书

谨将此证书颁发给

_____
（你的名字）

因为你已圆满完成了
《你可以走出父母离婚的困境》中的所有练习

日期：_____

你为此一定付出了辛苦和努力，祝贺你！